빛난다! 한국사 인물 100

⑩ 일제 강점기: 빼앗긴 나라를 되찾아라!

빛난다! 한국사 인물 100
⑩ 일제 강점기: 빼앗긴 나라를 되찾아라!

초판 1쇄 인쇄일 2022년 6월 25일
초판 1쇄 발행일 2022년 6월 30일

지은이 박윤규
그린이 최미란

발행인 윤호권
사업총괄 정유한
편집 윤보영 **디자인** 김영중, 김나영 **마케팅** 박병국
발행처 ㈜시공사 **주소** 서울시 성동구 상원1길 22, 6-8층 (우편번호 04779)
대표전화 02-3486-6877 **팩스(주문)** 02-585-1247
홈페이지 www.sigongsa.com / www.sigongjunior.com

글 ⓒ 박윤규, 2022 | 그림 ⓒ 최미란, 2022

이 책의 출판권은 ㈜시공사에 있습니다. 저작권법에 의해
한국 내에서 보호받는 저작물이므로 무단 전재와 무단 복제를 금합니다.

ISBN 979-11-6925-055-9 74910
ISBN 979-11-6579-424-8 (세트)

*시공사는 시공간을 넘는 무한한 콘텐츠 세상을 만듭니다.
*시공사는 더 나은 내일을 함께 만들 여러분의 소중한 의견을 기다립니다.
*잘못 만들어진 책은 구입하신 곳에서 바꾸어 드립니다.

KC마크는 이 제품이 공통안전기준에 적합하였음을 의미합니다.
제조국 : 대한민국   사용 연령 : 8세 이상
책장에 손이 베이지 않게, 모서리에 다치지 않게 주의하세요.

빛난다!
한국사 인물 100

박윤규 글
최미란 그림

⑩ 일제 강점기: 빼앗긴 나라를 되찾아라!

시공주니어

작가의 말

암흑의 시대에 역사와 후손을 위해 자신을 바친 선각자들

　드디어 긴 역사 여행의 종착역에 도착했습니다. 그런데 종착역 풍경이 결코 아름답지 않네요. 일제 강점기역이거든요. 역 광장엔 거친 눈보라가 몰아치는데, 춥고 배고프고 고달픈 사람들이 갖은 고초를 겪으며 아침을 기다리는 상황과 같아요.
　하지만 그들은 알고 있는 것 같아요. 새벽이 오기 전이 가장 어둡다는 걸. 그 짙은 어둠을 견디고 찬란한 아침을 맞이하기 위해 어떤 일을 해야 하는지도. 후손들에게 밝고 따뜻하고 풍요로운 날을 열어 주기 위해 자신을 기꺼이 바친 사람들, 그분들이 바로 선각자이며 역사의 영웅이랍니다.
　안중근은 조선 침략의 주역인 이토 히로부미를 총으로 쏘았지만, 그는 진정한 평화주의자였어요. 아시아를 온통 전쟁터로 만들려는 자를 제거한 것이었거든요.
　독립운동가들의 아버지나 다름없는 이회영과 형제들의 노고는 정말 고맙고 자랑스런 역사로 기억해야 해요. 모든 부귀영화를 포기하고 온 가족이 독립운동에 모든 걸 바쳤으니까요. 또 한용운은 많은 지사들의 독립에 대한 소망을 하나로 묶어 3·1 운동을 성사시켰지요.

박은식과 신채호는 독립운동가이면서 또한 역사 연구의 좋은 단짝이었어요. 박은식은 당시의 역사를 연구해 정리하였고, 신채호는 아득히 잊혀진 먼 옛날의 역사를 연구해 되살려 냈으니까요.

군대를 조직하여 일본과 싸운 독립군 총사령관 김좌진, 임시 정부의 책임자로 끝까지 자리를 지키며 독립운동을 이끌었던 백범 김구의 투쟁은 결코 굽히지 않는 민족정신을 잘 보여 준답니다.

일제 강점기에 어린이날을 만들어 새로운 문화를 일으킨 방정환이야말로 새 시대를 연 선각자예요. 그리고 민족의 얼인 말과 글을 지킨 주시경과 최현배 같은 한글학자들이 있어서 오늘날 대한민국이 세계의 중심으로 발전할 수 있었답니다.

임진왜란 때도 많은 인재들이 나라를 구했듯이, 일제 강점기에도 많은 선각자들이 자신을 희생하며 싸웠어요. 그 덕분에 우리는 수많은 침략 속에서도 긴 역사를 이어 올 수 있었던 거예요.

앞으로 우리 역사는 어떤 방향으로 흘러가야 할까요?

비록 나라는 작고 남북으로 갈라지기까지 했지만, 대한민국은 세계가 부러워하는 선진국이 되었어요. 일제 강점기를 겪고

6·25 전쟁까지 치른 나라로서는 기적과 같은 부활이에요. 나라의 형체가 사라져도 정신이 죽지 않으면 언젠가 부활한다는 박은식의 믿음이 증명된 셈이지요. 부활은 처음 생긴 일이 아니라, 언젠가 있었는데 사라졌다가 되살아난 일을 말하거든요. 언제 우리가 세계의 중심이었던 적이 있었을까요?

그것은 환웅, 단군의 나라와 건국 정신에서 찾아볼 수 있어요. '널리 사람을 이롭게 하라!'는 홍익인간 정신은 오늘날 세계 인류가 따라야 할 정신이라고 학자들은 말해요. 이미 반만 년 전에 그런 정신을 가졌다는 건 아주 놀라운 일이며, 그런 나라는 분명히 당시 세상의 중심인 아주 큰 나라였을 거라고도 추측해요. 그 역사를 상세히 연구해 밝혀내고, 오늘날 홍익인간을 실천해 나가는 게 이제부터 우리가 나가야 할 방향이 아닐까요?

이렇게 말하고 보니 이미 김구 선생님이 《백범일지》의 '나의 소원'이란 글에서 같은 말을 해 놓으셨네요.

'인류의 이 정신을 배양하는 것은 오직 문화다. 나는 우리나라가 남의 나라를 모방하는 나라가 되지 말고, 이러한 높고 새로운 문화의 근원이 되고, 목표가 되고, 모범이 되기를 원한다. 그래서 세계의 진정한 평화가 우리나라에서, 우리나라로 말미암아서 세계에 실현되기를 원한다. 홍익인간이라는 우리 국조 단군의 이상

이 이것이라고 믿는다.'

긴 역사 여행을 마무리하는 시점에서 감사의 말씀을 남겨 두고 싶습니다.

먼저 〈빛난다! 한국사 인물 100〉에 등장한 조상님들과 그분들과 관련된 역사책을 남긴 분들에게 큰절로 감사를 드립니다. 부족하거나 잘못된 부분은 두고두고 수정 보완하겠습니다.

한국 통사를 인물로 풀어 가는 큰 작업을 수락하고 진행한 출판사 시공주니어에도 깊은 감사를 드립니다. 특히 세심한 고증과 교정 작업을 진행한 편집 팀과 디자인 팀의 수고에 큰 박수를 보냅니다. 각 권마다 개성적인 그림으로 함께한 화가 선생님들께도 감사 인사를 전합니다.

역사 여행에 동행한 독자 여러분, 우리 역사에 대한 마음의 키가 훌쩍 자라기를 바라며 또한 감사의 박수를 보냅니다.

그리고 마지막으로 다시 한번 강조하고 싶은 말이 있습니다. "사람이 역사다!"

역사 이야기꾼 박윤규 두 손 모음

차 례

작가의 말 4

안중근 10
동양 평화를 위해 이토를 쏜 영웅

이회영 32
독립 투사들의 아버지

한용운 52
3·1 운동의 지휘자

김좌진 76
청산리 대첩의 영웅

박은식과 신채호 92
겨레 역사를 밝힌 두 개의 등대

김구
임시 정부의 역사가 된 민족 지도자 — 112

방정환
일제 암흑기를 밝힌 어린이들의 태양 — 134

주시경과 최현배
우리말과 우리글을 지킨 푸른 소나무 — 154

용어 설명 178

누구일까? 항일 의병장이자 독립운동가

1879년 ~ 1910년

어떤 일을 했을까?
의병 운동에 참가하고 이토 히로부미를 사살함

동양 평화를 위해 이토를 쏜 영웅
안중근

두려움을 모르는 소년 명사수

　1894년에 동학군이 난리를 일으키자, 그 불길이 전국으로 퍼졌어. 당시 동학은 겨레 최대의 종교가 되어 삼천리 어디나 퍼져 있었거든. 황해도에도 동학군이 일어나 관가를 점령하고 양식을 빼 갔어.

　그런데 이곳의 동학군은 전봉준의 지도를 받은 전라도와 충청도의 동학군과 달리 군기가 엄격하지 않고 체계도 어수선했나 봐. 심지어 친일 정부 편을 들거나 백성들의 집을 약탈하는 도적과 같은 무리도 있었대. 그리고 정부와 양반들 입장에서 볼 때 동학군은 반란군이 분명하거든.

　황해도의 진사 안태훈은 그런 동학군에 대항하고자 의병을 일으켰어.

"지금 청나라와 일본이 서로 우리나라를 잡아먹으려고 으르렁대는데, 동학군이 관가를 털고 동네까지 약탈한다고 한다. 그런 도적 같은 동학군이 우리 동네로 몰려온다니 막아야 하지 않겠는가."

안태훈은 총을 가진 포수를 모으고 가족과 친지를 동원하여 의병 부대를 만들었어. 그리고 자기 마을이라도 지키려고 마을 어귀의 산을 점령하고 기다렸지.

하지만 동학군은 그 수가 1만 명이 넘고 사기도 드높았어. 그들이 구름 같은 먼지를 일으키며 몰려오니 의병들은 잔뜩 겁에 질렸지. 그런데 갑자기 소나기가 쏟아지는 거야. 동학군은 진군을 멈추고 쉴 수밖에 없었어.

그날 밤 안태훈은 의병들을 모아 놓고 말했어.

"기회는 오늘 밤이다. 내일 이대로 저들과 맞닥뜨리면 우리는 포위되어 죽음을 면치 못할 것이다. 그러나 저들이 방심한 밤에 갑자기 쳐들어가 진을 흐트러뜨리면 승산이 있다. 누가 먼저 적진을 살피고 오겠는가?"

모두 고개를 가로젓는데 한 소년이 쓱 나섰어.

"제가 가겠습니다."

"응칠이, 네가?"

응칠은 제법 어깨가 벌어져 다부져 보이고 눈이 부리부리했으나 이제 겨우 열여섯 살인 소년이었어.

"예! 할 수 있습니다!"

단호한 응칠의 대답에 안태훈이 명을 내렸어.

"좋다. 포수 여섯 명을 데리고 은밀히 적진을 엿보고 오너라. 조심해야 한다."

"예, 아버지."

응칠은 바로 안태훈의 아들이었던 거야. 응칠은 자신을 포함한 일곱 명의 선봉대를 이끌고 동학군의 진지로 접근했어.

천막을 치고 횃불을 환히 밝힌 동학군을 보니 시장판처럼 소란하기만 했지 군기가 별로 없거든.

"숫자만 많았지 까마귀 떼와 다름없어. 우리가 어둠을 틈타 갑자기 공격하면 놀라서 갈팡질팡하며 흐트러질 거야. 지금 공격하자."

"안 돼. 일곱 명이 어떻게 만 명이 넘는 부대를 공격해. 대장님도 염탐만 하고 오랬잖아."

대원들이 말리자 응칠은 눈을 빛내며 말했어.

"우리 일곱이 일사분란하게 들이쳐 공격하면 저들은 대부대가 온 줄 알고 내뺄 거야. 날이 밝으면 공격해도 늦어. 망설이지 말고 나를 따라와!"

대원들은 대부분 응칠의 사냥터 친구라 응칠을 믿고 잘 따랐어.

"공격!"

응칠의 명에 일곱 명이 한꺼번에 총을 쏘고 폭약을 터뜨리니 잠자던 동학군이 화들짝 놀라 서로 밀치며 도망치기 바빴어. 응칠이 이끄는 선봉대는 그들의 꽁무니를 쫓으며 계속 몰아쳤지.

그런데 얼마간 도망치던 동학군이 돌아서는 거야. 정신을 차리고 보니 상대가 그다지 많은 것 같지 않거든. 게다가 먼동이 트니 선봉대의 모습이 희미하게 드러났겠지.

"저런 조무래기 몇 명한테 당하다니! 반격하라!"

화가 난 동학군이 사방에서 다시 몰려왔어. 선봉대는 꼼짝없이 포위되어 죽게 생겼지. 바로 그때 산 너머에서 더 많은 부대가 요란하게 총을 쏘며 달려왔어. 안태훈이 이끄는 본대가 총소리를 듣고 달려온 거야. 이에 놀란 동학군은 무기와 식량까지 버리고 줄행랑을 놓고 말았지. 안태훈이 이끄는 의병대는 한 명도 다치지 않고 마을을 지켜 냈어.

이날 선봉에 선 응칠이 바로 안중근이야. 태어날 때 몸에 북두칠성 같은 점이 있어서 응칠이라고 불렀지.

안중근의 집안은 고려의 유학자 안향의 후손이야. 아버지 안태훈은 어려서부터 신동으로 이름이 높았는데, 스무 살에 일찌감치 과거에 급제했어. 하지만 유학만 공부하지 않고 신학문도 중시한 개화파였어. 그런데 급진 개화파가 갑신정변에 실패하자 안태훈은 가족을 데리고 황해도 신천군의 청계산으로 들어갔어.

안중근은 자상한 할아버지와 과거에 급제한 아버지한테 유학을 배우며 자랐어. 그런데 안중근은 학문보다는 말타기나 무술에 관심이 많았대. 집이 산골이라 포수들이 집에 많이 드나들었는데, 사격술을 배워 소년 명사수로 소문이 자자했지. 사격과 사냥에 맛을 들인 안중근이 점점 학문을 멀리하자 친구들이 충고를 했어.

"네 아버지는 과거에 급제하고 문장으로 이름이 크게 났는데, 너는 무식한 사냥꾼들하고만 어울려 다니는 게 부끄럽지 않니?"

안중근은 당당하게 대꾸했어.

"초패왕 항우를 봐. 장부는 자기 이름이나 쓸 줄 알면 된다

고 했지만 그는 역사에 이름을 남겼잖아. 나는 학문보다는 무예를 닦고자 해. 그러니 더 이상 나를 설득하려 하지 마."

이러한 아들의 뜻을 안 아버지와 할아버지도 공부를 하라고 다그치지 않았대.

안중근은 16세에 결혼을 하고, 19세에 천주교를 받아들였어. 그건 어머니 조마리아 여사의 영향이 컸는데, 도마(토마스)를 세례명으로 받았지. 아버지 안태훈도 성당을 세우고 온 가족이 선교에 애를 썼어.

"천주님을 믿어 이 땅을 따뜻한 도덕 세상으로 만들고, 죽어서는 천당에 가 영원한 삶을 누리도록 합시다!"

안중근은 뛰어난 말솜씨로 이렇게 선교를 하고 다녔어.

의병 참모중장으로 전투에 참여하다

1905년 일제는 군대와 경찰을 동원해 강제로 을사조약을

맺었어. 이미 청나라와 싸워 이기고 러시아마저 굴복시킨 일본은 거칠 것이 없었어. 고종 황제는 조약을 허락하지 않았으나 이완용을 비롯한 친일파 대신들이 앞장서서 도장을 찍어 버린 거야. 대한 제국은 외교권을 완전히 빼앗기고 정치는 일본 통감이 쥐락펴락하게 되었지. 그리고 이 강제 조약을 진행한 이토 히로부미는 초대 통감이 되었어.

이 사태를 본 안중근은 아버지 안태훈에게 말했어.

"일본은 동양의 평화를 위한다고 해 놓고서는 우리나라를 삼킬 꿍꿍이를 드러냈습니다. 우리 가족은 상하이로 나가 살면서 훗날을 도모하는 것이 좋겠습니다. 제가 먼저 가서 사정을 알아보면 어떻겠습니까?"

아버지의 동의를 얻은 안중근은 상하이로 건너갔어. 그리고 그곳의 분위기와 집값 등을 알아보다가 뜻밖에도 반가운 얼굴을 만났어. 안중근에게 천주교를 가르쳐 주고 선교 활동도 함께했던 프랑스 신부였어. 사정을 들은 신부는 안중근에게 따끔한 충고를 했어.

"뜻있는 사람들마다 나라를 떠난다면 장차 그 나라에는 누가 남아 있을 것인가?"

"그럼 어찌하면 좋겠습니까?"

"젊은이를 교육하고, 경제를 키우고, 민심을 모으고, 힘을 기르는 것이 더 낫네."

"참으로 옳으신 가르침입니다. 힘써 따르겠습니다."

안중근은 서둘러 고국으로 돌아왔지만 예상치 못한 충격에 몇 번이나 쓰러졌어. 정신의 지주였던 아버지가 돌아가신 거야. 안중근은 아버지와 함께 의병을 일으켰던 청계산에 무덤을 만들고는 이렇게 맹세했어.

"지금부터 조국의 독립을 이룰 때까지 결코 술을 마시지 않겠습니다."

아버지의 상을 마친 안중근은 재산을 털어 교육에 투자했어. 삼흥 학교를 세웠는데, 삼흥이란 땅과 백성과 나라를 일으킨다는 뜻이야. 거기서 자신은 교장을 맡고 동생 안정근과 안공근은 교사로 함께 일했지. 그리고 선교사가 운영하던 돈의 학교까지 맡아서 학생들을 가르쳤어. 이렇게 교육에 몰두하는 한편 독립을 위해 동지들을 모으는 일에도 힘썼어.

이 무렵인 1907년, 고종 황제는 네덜란드 헤이그에서 열린 만국 평화 회의에 특사를 보냈어. 을사조약의 무효를 주장하고 여러 강대국의 도움으로 국권을 회복하려는 마지막 시도였지. 하지만 결국 일본의 방해로 일은 실패했고, 그걸 꼬투리 삼아 통감 이토 히로부미는 고종을 밀어내고 순종을 허수아비 황제로 세웠어. 그리고 대한 제국의 군대까지 해체해 버렸지. 분노한 군인들이 의병으로 변해서 곳곳에서 일본과 전투를 벌였어.

"나도 의병이 되어야겠다."

안중근은 동포들이 많이 사는 러시아 블라디보스토크로 갔어. 거기서 청년단에 가입하여 독립운동을 시작한 거야. 동지들을 모으고 성금을 모아 무기를 샀어.

이리하여 300명 정도 군사를 모집하여 의병 부대가 꾸려졌고, 안중근은 참모중장이 되었지.

1908년 7월, 안중근은 의병을 이끌고 두만강을 건너 함경도로 갔어. 홍범도 부대와 연합으로 일본군과 싸우려는 작전을 세운 거야. 가는 길에 일본 수비대와 전투를 치렀는데, 일본 군인 몇 명을 포로로 붙잡았지. 안중근이 그들을 꾸짖으며 따져 물었어.

"너희 일본은 동양의 평화를 보장한다더니 어찌 대한을 침략한 강도가 되었느냐?"

일본군 포로들은 눈물로 호소했어.

"그것은 천황의 뜻을 어기고 자신의 권력을 누리려는 이토 히로부미의 죄입니다. 우리는 힘없는 병졸인데 이곳으로 와 죽게 되었으니 분하고 억울합니다."

안중근이 대답했어.

"그대들 말이 진실하다. 내 그대들을 풀어 줄 테니 돌아가라. 가서 까닭 없이 이웃 나라와 전쟁을 하려 하면 그 우두머리를 쓸어 버려라. 할 수 있겠는가?"

일본군 포로들은 넙죽 절을 하며 따르겠다고 했지. 안중근은 포로들의 총까지 돌려주며 풀어 주었어.

이를 본 의병들은 크게 반발했지.

"저놈들은 우리 의병을 붙잡으면 참혹하게 죽입니다. 우리도 저들을 죽일 목적으로 의병이 되었는데, 이렇게 풀어 주면 대체 우리는 왜 싸우는 것입니까?"

안중근은 동료들을 설득하려 했어.

"만국 공법엔 포로는 가두어 두었다가 배상을 받고 풀어 주게 되어 있소. 그리고 우리도 저들처럼 야만스럽게 한다면 일본의 4천만 백성을 다 죽여야 전쟁이 끝날 것이오. 우리는 약자이나 의롭게 대해야 강한 적을 이길 수 있소."

안중근의 말에 화가 머리끝까지 치솟은 한 의병장은 부하들을 이끌고 떠나 버렸어. 안중근의 부대는 사기가 크게 떨어졌지. 그때 일본군의 기습을 받은 안중근의 부대는 크게 패하여 뿔뿔이 흩어지고 말았어. 패잔병이 된 안중근은 동료 셋만 남자, 너무 화가 나서 죽을 각오를 했어.

"그대들은 뜻대로 가라. 나는 홀로 일본군과 전투를 벌여 대한 장부의 기개를 보여 주고 죽겠다."

그러자 한 동료가 울면서 말렸어.

"공은 부디 뒷날을 생각하시오. 이 상황에서 죽는 것은 아무 의미가 없소. 기회를 기다려 큰일을 도모해야지요."

이 말을 듣고 안중근은 자신의 목표와 의지를 분명히 깨달았어.

"오늘 안응칠이 죽으면 하늘 아래 다시 안응칠은 없을 것이 분명하오. 영웅이란 때로는 굽히기도 하고 버티기도 하며 마침내 목적을 이루어야 하니, 마땅히 공의 말을 따르겠소."

결심을 굳힌 안중근은 동료들과 일본군의 추격에 쫓기며 두만강으로 향했어. 밥을 굶고 비에 젖고 잠도 못 자며 숲속으로만 다녔지. 그리고 간신히 두만강을 건너 러시아로 돌아갔어.

침략의 심장, 이토 히로부미를 쏘다

그 이듬해인 1909년 초, 안중근은 동지 11명을 모아 놓고 말했어.

"우리는 지금까지 독립을 위해 애썼으나 딱히 이룬 게 없소. 보다 강력한 결심과 조직이 필요한 시점이오. 우리 다 같이 손가락을 끊어 증거를 보인 다음, 나라를 위하여 몸을 바쳐 반드시 목적을 달성하기로 맹세하는 게 어떻겠습니까?"

비장한 안중근의 말에 모두 찬성했어. 안중근을 포함한 12명의 동지들은 저마다 왼손 약지 한 마디씩을 잘라 그 피로 태극기에 '대한독립(大韓獨立)'이라는 네 글자를 썼어. 이를 단지 동맹이라고 해. 그들은 이토 히로부미와 친일파 대신들을 처단하기로 뜻을 모았어.

"대한 독립 만세!"

맹세를 한 열두 동지는 함께 만세를 부르고는 각자 일할 곳으로 흩어졌지.

 이후 새로운 독립운동을 궁리하던 안중근은 블라디보스토크로 갔어. 거기서 〈대동공보〉라는 신문을 통해 이토 히로부미가 러시아 재무장관 코코프체프와 회담을 하러 하얼빈에 온다는 소식을 들었어.
 '드디어 소원을 이루겠구나. 늙은 도둑을 내 손으로 끝장내

게 되다니!'

안중근은 동지 우덕순과 함께 블라디보스토크에서 기차를 타고 하얼빈으로 갔어. 〈대동공보〉 사장 최재형이 자금을 대고, 이강은 정보를 제공하고 하얼빈의 동지도 소개해 주었지. 하얼빈에서 조도선과 유동하가 합류했어. 유동하는 통역을 맡았는데, 고작 18세 소년이었어.

드디어 이토 히로부미가 도착할 날이 다가왔어. 안중근과 동지들은 만일을 위해 두 조로 나누었어.

"드디어 내일이오. 이토는 이곳 채가구(차이자거우)역을 지나 하얼빈에 도착할 것이오. 우 동지와 조 동지는 여기 여관에서 기다리다가 기회를 보아 이토를 처단하시오. 실패하면 내가 하얼빈에서 처단하겠소."

"알겠소. 부디 성공하시오."

안중근과 동지들은 뜨겁게 포옹을 하고 영원한 이별이 될지 모르는 악수를 나누었어. 그리고 안중근은 하얼빈으로 떠났지.

1909년 10월 26일 아침이 밝았어. 이토 히로부미를 태운 특별 열차가 하얼빈역에 도착한 건 오전 9시야. 열차가 제시간에 도착했다는 건 차이자거우의 작전이 실패했다는 뜻이었지. 실은 차이자거우역의 러시아 경비병이 우덕순과 조도선의 행동을 수상하게 여기고 그들이 묵은 여관의 문을 잠가 버렸던 거야.

하얼빈역에는 이토 히로부미를 환영하는 일본인들이 가득했어. 역 구내엔 러시아 의장대와 경비병이 쫙 깔려 있었지. 안중근은 권총을 품에 숨기고 일본인들 틈에 끼어 있었어.

9시경, 이토 히로부미가 탄 특별 열차가 도착했어. 코코프체프와 이토 히로부미가 플랫폼에 내려서자 의장대가 경례를 올리고 군악 소리가 울려 퍼졌어.

'그런데 어떤 자가 이토인가?'

그 광경을 보며 안중근은 문득 당황했어. 지금까지 이토 히로부미를 본 적도 없고 사진도 없었거든.

하지만 안중근은 대범하게 일본과 러시아의 고관들 앞으로 걸어 나갔어. 번쩍이는 그의 눈에 누런 얼굴에 흰 수염이 수북한 조그만 늙은이가 쏙 들어왔어. 그가 이토 히로부미라는 확신이 든 안중근은 품속의 권총을 꺼내 방아쇠를 당겼어.

"탕! 탕! 탕! 탕!"

네 발의 총성이 울렸고, 비명이 플랫폼을 뒤덮었지. 안중근은 피를 흘리며 쓰러지는 이토 히로부미를 확인하고는 다시

방아쇠를 당겼어.

"탕! 탕! 탕!"

혹 쓰러진 사람이 이토 히로부미가 아닐지도 모른다는 생각에 그 옆의 일본 고관들을 또 쏜 거야.

"코레아 우라(대한 만세)!"

목적을 이루었다고 판단한 안중근은 만세를 세 번 외쳤어. 러시아 경비병이 달려들자 반항하지 않고 체포되었지.

총알을 세 발이나 맞은 이토 히로부미는 수행원들이 급히 열차 안으로 옮겨 치료했으나 곧 숨을 거두고 말았어.

안중근의 거사는 세계를 떠들썩하게 만들었어. 한국은 통쾌한 거사라며 박수를 쳤고, 일본과 전쟁을 치른 중국은 '천년을 빛낼 장한 일'이라며 안중근을 영웅으로 칭송했어. 일본은 이토 히로부미를 근대화의 영웅이며 동양 평화를 이루려던 정치가로 홍보하고, 그런 이토 히로부미를 죽인 안중근은 나쁜 테러리스트라고 알리기에 바빴지. 하지만 양심 있는 일본인들은 안중근의 뜻에 동조하여 변호인으로 나서려고까지 했어.

당시에 하얼빈은 러시아가 다스리던 지역이었지만 안중근은 하얼빈의 일본 영사관으로 보내졌고 그곳에서 심문을 받았어.

안중근은 죄를 묻는 검찰관에게 당당하게 대답했어.

"내가 이토 히로부미를 쏘아 죽인 건 대한 독립 전쟁의 일부다. 나는 개인 자격으로 이 일을 한 것이 아니요, 대한의군 참모중장 자격으로 조국의 독립과 동양의 평화를 위해 한 일이다. 그러니 나를 전쟁 포로로 만국 공법에 의해 처리하도록 하라."

동양 평화를 위해 애쓴 이토 히로부미를 죽인 이유를 묻자, 안중근은 이토의 죄를 줄줄이 읊어 주었어.

"이토의 죄는 열다섯 가지다. 대한 제국의 황후 폐하를 시해한 죄, 대한 제국 황제를 폐위시킨 죄, 정권을 강제로 빼앗은 죄, 민족 교육을 방해한 죄, 한국인이 일본의 보호를 요청했다고 거짓으로 알린 죄, 군대를 해산한 죄……."

안중근은 이처럼 당당하게 이토 히로부미를 죽인 이유와 정당성을 주장했지. 그 후 뤼순 감옥으로 옮겨져 여러 차례 심문과 재판을 받았어.

재판은 형식적으로 진행되었고, 1910년 2월 14일 결국 일본 정부가 짜 놓은 대로 판결이 내려졌어.

"안중근은 사형, 우덕순은 징역 3년, 조도선과 유동하는 징역 1년 6개월에 처한다!"

판결을 들으며 안중근은 서양의 제도를 본받아 우수한 문화 국가인 척하는 일본을 속으로 비웃었어.

'과연 이것이 일본인 4천만의 양심인가? 명성 황후를 시해한 미우라는 법정에서 풀어 주었다더니, 내 죄가 무거운가 미우라의 죄가 무거운가?'

그 후 안중근은 항소도 하지 않고 감옥에서 사형을 기다리며 찬찬히 글을 지었어. 자신이 살아온 삶을 담은 자서전《안응칠 역사》를 먼저 쓰고,《동양평화론》을 써 나갔지. 이런 안중근의 태도는 감옥의 소장과 간수들까지 감동시켰어. 뤼순 감옥 소장은 자신의 자손들에게까지 안중근을 존경하라고 가르쳤대.

사형 선고를 한 지 40여 일이 지난 3월 26일, 일제는 서둘러 안중근의 사형을 집행했어. 안중근은 《동양평화론》을 완성하지 못하고 어머니가 지어 준 수의를 입고 당당하게 죽음을 받아들였지. 일제는 안중근의 시체도 가족들에게 돌려주지 않고 어디엔가 감춰 버려 오늘날까지도 찾지 못하고 있단다.

다음 글은 사형 직전에 면회를 온 동생 안정근과 안공근에게 남긴 안중근의 마지막 유언이야.

내가 죽은 뒤 나의 뼈를 하얼빈 공원 곁에 묻어 두었다가, 국권이 회복되면 고국으로 옮겨 다오. 나는 천국에서도 마땅히 우리나라의 독립을 위해 힘쓸 것이다. 너희들은 돌아가서 동포들에게 각자 나라를 위해 책임을 지고 국민 된 의무를 다하여, 마음을 같이하고 힘을 합하여 공을 세우고 업을 이루도록 일러 다오. 대한 독립의 소리가 천국에 들려오면, 나는 마땅히 춤추며 만세를 부를 것이다.

1867년 ~ 1932년

누구일까? 일제 강점기의 독립운동가

어떤 일을 했을까?
신흥 무관 학교를 설립하여 독립군을 양성함

독립 투사들의 아버지
이회영

육 형제, 만주로 망명하다

1910년 8월 29일, 한일 병합 조약!

기어이 일본은 조선(대한 제국)을 식민지로 만들었어. 이로써 1392년 태조 이성계가 세웠던 조선은 27대 순종을 끝으로 519년 만에 왕조의 막을 내린 거야.

그 분통함에 목숨을 끊은 지사들도 있었지만 그 수는 많지 않았어. 반면에 한일 병합에 협조하고는 일본으로부터 상금과 귀족 작위를 받은 매국노들이 훨씬 많았어. 그리고 독립과 복수를 꿈꾸는 지사들도 곳곳에 생겨났어.

서울의 한 부잣집 사랑방에서는 비장한 회의가 열렸어. 거기 모인 사람은 여섯 명인데, 모두 형제간이었어. 회의를 주재한 넷째 이회영이 먼저 입을 열었어.

"지금 나라가 왜놈 손아귀에 넘어가고 이 땅에는 매국노들이 판을 치고 있습니다. 저는 백사공의 후손으로서 이대로 참을 수가 없습니다."

백사공이란 바로 임진왜란 때 처음부터 끝까지 선조 임금을 모셨던 공신 이항복을 말해. 그들은 모두 이항복의 10대손이었거든. 뿐만 아니라 그 후로 여섯 명의 정승과 대제학 두 명을 배출한 조선 최고의 명문가였지.

"그래서 저는 왜놈들이 다스리는 이 땅을 떠나 만주로 가서 젊은이를 가르치고 힘을 길러서 나라를 되찾을 생각입니다. 하지만 혼자 결정할 수가 없어 형님들과 아우들의 의견을 듣고자 합니다."

넷째의 결정에 형제들은 아무도 놀라지 않았어. 오래전부터 그가 독립운동을 해 온 걸 알고 있었거든. 이회영은 이상설과 더불어 헤이그에 특사를 파견하는 일을 주도하였고, 신민회를 만들어 독립운동을 지원하기도 했던 거야.

모두 말이 없자 맏형 이건영이 나섰어.

"장한 생각이다. 기꺼이 회영이와 함께하겠다."

맏형이 결단을 내리자 모두 고개를 끄덕였지.

"저는 한시도 조선 총독부의 통치를 받으며 살고 싶지 않습니다. 마땅히 형님과 뜻을 같이하겠습니다."

벼슬살이를 하던 이회영의 두 살 터울 동생 이시영도 결심을 굳혔어. 그는 조선의 마지막 영의정이었던 김홍집의 사위로, 늘 이회영과 뜻을 같이하던 동지였거든.

뜻이 모아지자 모두의 눈길이 이석영을 향했어. 이석영은 둘째였지만 큰아버지 이유원의 양자이기도 해서 결단하기가 곤란했거든. 하지만 이석영도 단호하게 선언했어.

"나는 두 아버지와 두 집안을 섬겨야 하는 책임이 막중하지만, 오래도록 나라의 큰 은혜를 입은 공신의 후예로 흔쾌히 형제들과 함께할 것이다."

이석영의 동참은 큰 힘이 되었어. 형제들이 모두 부유한 중에도 종손이 된 이석영이 가장 큰 부자였거든.

"감사합니다. 이제 모든 재산을 처분하여 온 가족이 만주로 가서 독립운동 기지를 세웁시다."

육 형제는 가족들을 설득하고 재산을 팔았어. 그들 형제는 늘 일본의 감시 대상이었기 때문에 재산을 비밀리에 파느라고 제값을 받지도 못했지. 그리고 집집마다 재산처럼 데리고 있던 노비들을 모두 해방시켰어. 노비들 중에는 끝까지 함께 하겠다고 따라나서는 이도 있었지.

이회영과 형제들은 12월 추위 속에 만주를 향해 나섰어. 남자들은 말을 타고, 여자들은 마차에 올라 온 가족이 행군을 하는 거야. 이때 함께한 사람은 이씨 육 형제의 가족과 그들을 따르는 노비까지 합하여 60명쯤 되었대. 짐을 실은 말들의 수만 해도 100여 필이나 되었으니 엄청난 규모였지.

일제 강점기 내내 나라를 찾기 위해 온몸을 던진 지사들이 많았지만, 이렇게 온 집안이 재산을 다 털어 망명을 하고 독립운동에 나선 건 이회영 집안이 유일하니 꼭 기억해야 해.

매서운 눈보라를 헤치고 압록강을 건너 그들이 도착한 곳은 류허현 삼원보라는 곳이었어. 이미 1년 전에 이회영이 동지들과 둘러보고 점찍어 둔 곳이야.

"이곳은 옛날 고구려와 부여가 다스리던 우리 조상들의 땅이다. 이제 이곳에서 나라를 되찾을 힘을 기를 것이다!"

이회영 가족들은 만주의 맹추위 속에서도 꿈에 부풀어 의지를 불태웠어. 하지만 그곳은 황량한 들판이라 당장 지낼 집이 없었어. 그래서 그곳에서 멀지 않은 추가가라는 동네로 가서 빈집을 구해서는 일단 짐을 풀었지.

이회영 가족이 터를 잡자 신민회의 이동녕을 비롯한 여러 동지들과 가족들이 합류하여 그곳에 모인 사람들이 무려 300여 명이나 되었어.

추가가는 추씨 성을 가진 중국인들의 마을이었는데, 조선인이 떼로 들어오니까 겁을 잔뜩 먹었나 봐. 추씨들은 일본이 조선을 합병했으니까 조선인을 일본의 앞잡이로 생각하고는 수상하다며 중국 당국에 고발을 했어.

중국의 지방 관청에서 군인들이 나와서는 이회영 일가를 조사했어. 그리고 조선인에게는 아무것도 팔지도 사지도 말라는 명을 내렸어. 이회영이 "우리는 일본 앞잡이가 아니라 독립운동을 하기 위해 왔다."라고 아무리 말해도 소용없었지.

"좋다. 중국의 중앙 관청을 찾아가 담판을 짓고 오겠다."

이회영은 곧장 베이징으로 갔어. 거기서 중국의 최고 실력자인 위안스카이를 만났지.

뜻밖에도 위안스카이는 이회영을 크게 반겨 주었어. 위안스카이가 임오군란 때 청나라 대표로 조선에 와 머문 적이 있거든. 그때 이회영의 아버지 이유승과 친하게 지내서 이회영을 알고 있었던 거야.

"우리는 힘을 길러 일본을 쫓아내고 독립을 이루고자 하오. 우리를 도와주면 일본을 물리치는 데 힘이 되지 어찌 해가 되겠소."

위안스카이는 이회영의 진심을 이해하고는 자신의 비서를 붙여 주었어.

"좋소. 적극 도울 테니 그 뜻을 꼭 이루기 바라오."

최고 권력자의 비서를 데리고 나타나자 지방의 관리들은 눈이 동그래져서는 이회영의 요구를 다 들어주었어.

이렇게 하여 이회영과 동지들은 어렵사리 만주에 터를 잡게 되었단다.

독립투사들의 요람, 신흥 무관 학교

만주에 둥지를 튼 이회영과 동지들은 먼저 경학사를 만들었어. 경학사란 '일하면서 공부하는 회사'라는 뜻이야. 신민회 동지들과 이회영 가족들이 중심이 되어 부근의 조선인들까지 끌어들인 모임이었지. 낮에는 힘써 농사를 짓고 밤에는 글을 배워 실력을 키우고자 한 거야.

"나라를 되찾으려면 백성들이 깨달아야 하고, 깨닫기 위해서는 먼저 배워야 한다!"

이런 뜻으로 세운 학교가 바로 신흥 강습소야.

경학사와 신흥 강습소가 자리를 잡자 이회영은 다음 계획을 위해 땅을 사려고 했어. 이때 중국 동삼성 총독의 비서인 조세웅이 많은 도움을 주었어.

"형님, 이왕 땅을 사려면 여기보다 좋은 곳을 고르십시오. 이곳은 추씨들이 조상 대대로 살던 곳이라 팔기를 꺼립니다. 게다가 길목이라 드나드는 사람이 많고 훤하게 트여 있어 공격받을 위험이 큽니다."

이회영의 열정과 인격에 감동하여 의형제를 맺은 조세웅은 통화현 합니하를 추천했어. 그곳은 큰 산 어귀에 있고, 강물이 에둘러 흘러 방어하기도 좋은 요새였어.

"옳은 말이네. 일본의 감시를 피하려면 여기가 더 좋겠군."

다음 계획이란 바로 군사 학교 설립이었어. 신민회 활동을 할 때 이미 이름까지 지어 두었는데, 바로 '신흥 무관 학교'야. 신흥 강습소가 신흥 무관 학교로 발전한 거지.

1912년, 교사들과 학생들이 손수 삽과 괭이를 들고 공사를 하여 학교를 완성했어. 겉으로는 신흥 중학교라는 명패를 붙여 일반 학교로 위장했지.

신흥 무관 학교에는 중학반과 군사반이 있었어. 중학반은 중학 과정을 공부하며 차근차근 군사 훈련을 받았고, 군사반은 군사 훈련 위주였어.

교사들과 학생들은 나라를 되찾겠다는 열정과 자부심으로 가득했어. 아침 여섯 시면 기상 나팔이 울려 퍼졌고, 학생들은 함께 체조를 하고 애국가를 우렁차게 불렀어.

이렇게 힘차게 시작했는데, 신흥 무관 학교 운영은 곧 큰 어려움에 부딪혔어. 경학사에서 자금을 마련해야 하는데, 연거푸 가뭄과 서리 피해를 입어 농사를 망친 거야. 게다가 신민회의 지원금도 끊어지고 말았어. 일본이 신민회 주요 간부들을 다 감옥에 가둬 버렸거든.

하지만 신흥 무관 학교 학생과 교사들은 주눅 들지 않았어. 교사와 학생들은 직접 농사를 지으며 공부하고 고된 훈련을 받았지. 그런 와중에도 재난은 끊이지 않았어. 풍토병이 돌아 죽는 사람도 생겨났고, 중국 마적단의 습격에 피해를 입기도 했어.

　신흥 무관 학교 학생과 교사들은 이런 재난과 고난까지 서로 격려하며 이겨 냈어. 1920년 가을, 일제의 압박으로 문을 닫기까지 2000명이 넘는 독립군 전사를 키워 냈단다. 그들은 일제 강점기 내내 독립투사로 눈부신 활약을 하게 돼.

학교가 문을 닫기 얼마 전에 유능한 교관 두 사람이 왔는데, 바로 지청천과 이범석이야. 지청천은 일본의 육군 사관 학교를 나와서 독립군이 되었고, 이범석은 중국의 육군 강무 학교를 나와서 독립운동에 뛰어들었어. 그들은 학생들을 일본이나 중국보다 더 강하게 훈련시켰어. 그러다 신흥 무관 학교가 문을 닫자 학생들을 이끌고 곧바로 독립군 부대로 들어갔지.

  그 얼마 후 독립군은 홍범도가 이끈 봉오동 전투와 김좌진

이 지휘한 청산리 대첩에서 큰 승리를 거두었는데, 이때 활약한 독립군 대다수가 신흥 무관 학교 출신이었어. 이회영 가족의 꿈이 조금은 이루어진 셈이었지.

고종 황제의 망명을 계획하다

고국에서 부유하고 안락하게 살 수 있었던 이회영 형제들은 고생을 감수하면서 독립을 위한 망명 생활을 이어 갔어. 경학사와 신흥 무관 학교를 운영하고, 독립투사들을 지원하느라 재산을 다 쓰고는 끼니가 없어 굶기 일쑤였대.

그래도 형제들 중 누구도 이회영을 원망하거나 고향으로 돌아가려고 하지 않았어. 이회영의 맏딸 규숙, 아들 규학, 규창 모두 독립 투쟁에 몸을 바쳤지.

이회영은 잠시도 가만있지 않았어. 경학사와 신흥 무관 학교는 형제들과 동지들에게 맡기고 자신은 자금을 모으고 동지들을 화합시키는 일에 전념했어. 그러느라 서울로 숨어들기도 하고, 상하이와 베이징을 오가며 위험한 일을 도맡았어.

하지만 이렇게 몸을 바쳐 싸워도 큰 성과는 없었어. 일제의 힘은 날로 더 세지고 조선의 민중들은 식민 통치에 굴복해

적응해 갔거든. 독립운동을 지원해 주던 신민회 동지들도 없고, 뜻있는 지사들은 해외로 나가고, 국내의 부자들은 일본의 눈치만 보고 있었지.

"이래서야 어찌 일본을 물리치겠나. 판을 확 뒤집어엎을 만한 일을 만들어야겠다."

이회영은 아들 규학의 장인이자 사돈인 조정구를 찾아갔어. 조정구는 왕실 대신으로 있을 때 이회영이 헤이그로 특사를 보내는 데 적극 협조해 준 동지였거든.

안부를 주고받으며 나라 걱정을 하다가 조정구가 물었어.

"소식이 없다가 이렇게 찾아온 데는 중요한 일이 있을 것 같은데, 이제 말씀하시지요."

이회영이 속내를 털어놓았어.

"황제 폐하를 중국으로 망명시켜 독립운동의 수장으로 세우려고 합니다. 공께서는 황제 폐하의 친척이기도 하니 제 뜻을 전하고 잘 설득해 주십시오."

이회영의 작전을 다 듣고 난 조정구가 기쁘게 반겼어.

"아, 그렇게만 된다면 강도 일본이 불법으로 나라를 뺏은 일을 세계만방에 알리고 독립운동의 불길을 활활 지필 수 있겠군요. 황제가 독립의 선봉에 나선다면 우리 백성 누가 따르지 않겠습니까. 정말 대담한 계획입니다."

조정구는 일본의 압박으로 황제에서 물러나 있던 고종을 만나 이회영의 계획을 설명했어. 늘 우유부단하던 고종도 이번에는 적극 찬성하고 나섰어.

"이회영을 들라 하라. 내가 직접 만나 보겠다. 그리고 민영달에게 가서 내 뜻이 정해졌으니 준비하라고 하라."

궁궐로 들어간 이회영은 완전히 고종을 설득시켰어.

한편 조정구도 민영달을 찾아가 황제의 말을 전했어.

"폐하의 뜻이 그렇다면 나 또한 기꺼이 따를 것이오. 우선 이 돈으로 폐하께서 머무실 곳을 마련해 두시오."

민영달은 기뻐하면서 큰돈을 내놓았어. 그는 명성 황후의 친척으로 호조 판서를 지냈는데, 명성 황후가 일본인의 칼에

죽임을 당하자 벼슬을 내놓은 상태였어.

그 돈은 상하이에 있는 이시영에게 전해졌어. 고종 황제가 머물 집을 마련해 수리를 해 두라고 했지. 이렇게 모든 계획이 착착 진행되었는데, 고종 황제가 갑작스레 죽고 말았어.

"이는 필시 망명 계획을 눈치챈 왜놈들이 죽인 것이오! 알아보니 식혜에 독을 탔던 궁녀가 행방불명되었다고 하더이다. 친일파와 왜놈들의 짓이 분명하오."

이회영의 말에 조정구는 두 주먹을 부르르 떨며 눈물을 떨구었지. 세간에도 고종이 독살당했다는 소문이 퍼졌어. 하지만 확인할 길도 없고 일본은 그저 모르쇠 할 뿐이었지.

고종의 망명 계획은 물거품이 되고 말았지만, 그렇다고 아주 끝난 건 아니었어. 고종의 장례식을 맞아 대한의 민중들

이 일제히 들고일어났으니까. 고종의 장례를 치르기 위해 수많은 사람들이 서울로 몰려들었고, 그때를 이용하여 민족 지도자들이 독립을 선언하고 시위를 했지. 그게 바로 1919년 3월에 일어난 3·1 운동이란다.

다물단과 흑색공포단, 그리고 아나키스트

3·1 운동은 이회영의 생각에도 많은 변화를 주었어. 그때까지 이회영은 외교와 교육과 계몽을 통해 나라의 독립을 이루려는 생각이 컸는데, 힘이 없으면 불가능하다는 걸 깨달은 거야. 들불처럼 일어났던 3·1 운동도 일본의 총칼에 결국 가로막혔고, 이전에 헤이그 특사의 외교를 통해 독립을 이루려고 했던 것도 허망하게 끝났거든. 강대국들은 서로 자기 이익을 챙기려고만 하지 약소국을 돌봐 주지 않는다는 것도 깨달았지.

"힘이 있어야 한다. 그리고 폭력은 힘으로 물리쳐야 한다."

이런 깨달음과 더불어 새로운 사상이 그를 사로잡았어.

"모든 사람은 평등해야 하고, 누구도 자유를 억압해서는 안 된다."

이렇게 생각한 이회영은 아나키스트가 되었어. 아나키스트는 무정부주의자를 말하는데, 무정부주의는 나라나 이념에 관계없이 모든 인간을 평등하고 자유롭게 대해야 한다는 사상이야. 이회영은 아나키스트 단체를 만들어 일본을 비롯한 모든 제국주의와 싸울 것을 주장했지. 그 단체에는 한국인과 중국인은 물론 일본인까지 있었대.

이회영은 '다물단'이라는 비밀 결사를 만들었어. 친일파를 처단하고 일본의 스파이를 찾아내는 조직이었지.

또 그는 '흑색공포단'이란 조직도 만들었어. 그들은 다물단보다 더 적극적인 항일 활동을 했어. 일본의 군수 물자를 실은 배를 폭파하고, 영사관에 폭탄을 던지기도 했지.

이회영은 만주의 중국인과 합동하여 일본을 몰아낼 조직을 만들려고 했어. 그 일에 직접 나서서 맨 먼저 만주로 들어가 준비를 하겠다고 하니 동지들이 모두 말렸어. 그때 이회영은 66세나 되었거든.

"안 됩니다, 선생님. 그런 일은 위험하니 젊은 저희들에게 맡겨 주십시오."

그러자 이회영은 단호하게 말했어.

"사람은 자신의 목적을 이루기 위해 산다면 그것이 행복이

다. 남의 눈에 불행으로 보여도 나는 죽을 곳을 찾는 것을 행복으로 여겨 왔다. 장래가 창창한 귀중한 젊은이들이 죽음을 무릅쓰고 싸우는데 살 만큼 산 내가 어찌 죽음을 두려워하겠나. 왜놈들도 나같이 초라한 늙은이가 가족을 찾아간다고 하면 의심하지 않을 거야."

 이회영은 기어이 혼자 상하이를 떠나 만주로 향했어. 하지만 만주 땅을 밟기도 전에 그를 기다리던 경찰에게 붙잡히고 말았어. 일본의 스파이 노릇을 하던 조선인이 정보를 넘겨주었던 거야.

 결국 이회영은 사흘간 고문을 받다가 숨을 거두고 말았지. 조선 최고의 부자였던 이회영의 형제들은 이렇게 독립운동에 모든 것을 바쳤어. 혹독한 가난에 시달리면서도 당당하게 끝까지 일제와 싸우다 타국에서 숨을 거두었단다.

 이회영의 육 형제 가운데 고국으로 돌아온 이는 다섯째인 이시영뿐이었어. 임시 정부에서 국무 위원을 지냈던 그는 새롭게 건국된 대한민국에서 초대 부통령이 되었지.

 하지만 이시영은 정치보다는 교육에 더 뜻이 깊었어. 부통령 자리를 스스로 내던진 그는 신흥 무관 학교의 전통을 이어 신흥 전문 학원을 세웠어. 이 학교는 6·25 이후에 다른 사람이 이어받았는데, 바로 오늘날의 경희 대학교란다.

1879년 ~ 1944년

누구일까? 일제 강점기의 시인, 승려, 독립운동가

대한 독립 만세!

宣言書

어떤 일을 했을까?
3·1 운동 때 민족 대표 33인 가운데 한 사람이며,
시집 《님의 침묵》을 지음

3·1 운동의 지휘자
한용운

지금 밥이 넘어가냐!

1910년 8월 말, 한일 병합 조약이 맺어진 즈음이야. 금강산 표훈사라는 절에도 그 소식이 전해져 분위기가 뒤숭숭했어. 그래도 날이 저물고 저녁때가 되니 식사를 해야 되잖아. 표훈사는 오래된 큰 절이라 승려가 거의 백 명이나 되었어. 승려들은 죽 늘어앉아 자기 식기를 꺼내 식사를 하거든. 식사하는 동안 한마디 말도 없이 밥만 먹는단 말이야. 음식을 씹는 소리도 크게 내면 안 돼.

그런 엄숙한 순간에 승려 하나가 자리에서 벌떡 일어났어. 덩치는 작지만 아주 당차고 야무진 젊은 승려야. 모두 숟가락을 든 채 멈칫하고는 그 승려를 빤히 쳐다보았지. 그런 승려들을 번갯불 같은 눈으로 둘러보던 젊은 승려가 밥그릇을 뒤엎으며 버럭 소리를 질렀어.

"이 벌레 같은 놈들아! 지금 밥이 넘어가냐!"

갑작스러운 사태에 주지를 비롯한 높은 승려들도 어안이 벙벙하여 한마디도 못 했어.

"나라를 빼앗겼는데 밥이 넘어가냐고!"

젊은 승려는 수저를 팽개치고는 비명 같은 울음을 터뜨리며 뛰쳐나가 버렸어.

"나라가 망했어! 나라가 망했다고! 으흐흐흑……."

울분을 다스리지 못한 그는 미친 사람처럼 이리 뛰고 저리 뛰며 울었어.

이 승려가 바로 만해 한용운이야.

한용운은 1879년 충청도 홍성에서 태어났어. 원래 이름은 유천이었는데, 승려가 되면서 용운이란 이름을 받고 호를 만해로 지은 거야. 그는 어려서부터 기억력이 뛰어나고 책을 막힘없이 읽어서 신동으로 소문이 자자했어. 아버지 한응준은 홍성 관청의 말단 관원이었어. 그는 가난했지만 아들에게 책을 많이 사 주고 위인들의 이야기를 많이 들려주었대.

한용운은 14세에 집안 어른들의 강요로 결혼을 했거든. 하지만 그는 가정에 매이지 않고 더 많은 공부를 하고 세계 곳곳으로 여행하는 꿈을 꾸었어. 그래서 설악산 백담사로 출가하여 승려가 된 거야.

한용운은 승려가 되어서도 신학문을 익히고 일본으로 유학을 다녀오기도 했어. 그러다가 금강산 표훈사에 강사로 들어

왔는데, 나라를 빼앗겼다는 소식에 분통을 터뜨렸던 거야.

1911년, 울분을 달랠 길이 없던 한용운은 만주로 갔어. 독립운동가들을 만나고 독립운동의 현장을 보고 싶었거든.

그가 도착한 곳은 바로 신흥 무관 학교였어. 거기서 박은식과 이시영, 김동삼 같은 민족 지도자들을 만나 뜨거운 독립 의지를 확인했지. 특히 김동삼은 한용운을 크게 반기고는 많은 가르침을 주었어.

"독립 전쟁은 우리가 여기서 할 테니, 스님은 고국으로 돌아가 힘을 모아 주십시오. 임진왜란 때 서산 대사와 사명 대사가 승군을 일으켜 도운 것처럼 말입니다."

한용운은 기꺼이 약속했지.

"네. 불자들의 의지를 모아 독립운동을 지원하겠습니다."

한용운은 신흥 무관 학교의 곳곳을 두루 살펴보았어. 그러던 어느 날, 낯선 청년들이 그의 뒤를 밟는 거야.

"자네들은 누구인데 나를 미행하는가?"

한용운의 물음에 청년들은 대답 대신 총을 불쑥 내밀었어.

"독립군의 거처를 기웃거리는 네놈은 왜놈의 앞잡이가 틀림없다!"

한용운이 뭐라고 변명할 틈도 없이 총구가 불을 뿜었어. 총을 맞고 그대로 쓰러진 한용운은 의식을 잃고 말았지.

이때 한용운은 불교인으로서 독특한 체험을 했대. 이렇게 죽는 건가 싶은데, 눈앞이 환해지더니 관세음보살이 나타난 거야. 꽃을 든 아름다운 여인의 모습으로 나타난 관세음보살이 푸근한 미소를 지었어. 그러자 고통은 사라지고 마음이 편안해졌어. 관세음보살이 한용운에게 꽃을 던지고는 말했어.

"생명이 경각에 있는데 어찌 가만히 있느냐?"

그 순간 한용운의 의식이 돌아왔어. 머리가 깨질 듯이 아팠지만 꾹 참고 일어섰지.

청년들은 한용운의 짐을 뒤적여 보았으나 별 수상한 게 없었는데도 미적미적 따라왔어. 한용운은 홱 돌아서서 고함을 질렀어.

"아직도 내가 왜놈 앞잡이처럼 보이느냐? 그렇다면 어서 죽여라!"

놀란 청년들은 슬금슬금 도망쳐 버렸어. 아직 어린 어설픈 독립군이었나 봐.

피를 철철 흘리며 걷던 한용운은 중국인 마을에서 쓰러졌는데, 김동삼이 소문을 듣고 부랴부랴 찾아왔어. 그가 황급히 의사를 주선해 주었지.

"총알을 빼내려면 큰 수술을 해야 하니 마취부터 해야겠소."

의사의 말에 한용운은 태연하게 대답했어.

"마취는 회복을 더디게 하니 그냥 하시오."

놀란 의사가 벌벌 떨면서 수술을 하는데, 뼈를 긁는 소리가 나는데도 한용운은 비명조차 지르지 않았대.

뒤늦게 한용운이 누구인지 알게 된 독립군 청년들이 찾아와 고개를 숙이고 사죄하니 한용운이 말했어.

"괜찮네. 그대들은 그 기개를 굽히지 말고 잘 배워 동포들의 힘이 되어 주게."

고국으로 돌아온 한용운은 절에서는 강연을 하고 사회 활동도 활발하게 펼쳤어. 불교를 새롭게 다듬자는 《조선불교유신론》을 발표하고, 1918년에는 《유심》이란 불교 잡지도 만들었지. 그러느라 시와 소설도 쓰며 문학도 익혔어.

1917년 겨울밤, 한용운은 큰 깨달음에 도달했어. 설악산 오세암에서 수도하고 있었는데, 계곡을 휩쓰는 바람 소리에 뭔가가 쿵 떨어지는 소리를 듣는 순간 머릿속이 환해지면서 막혔던 많은 의문들이 풀리고 기쁨이 솟구쳐 오르는 거야. 자신의 한계를 넘어서는 그 순간 오도송(승려가 자신의 깨달음

을 읊은 시를 이르는 말)이 흘러나왔어.

남아대장부 거처는 어디나 고향인데
나그네 근심 깊은 이 그 몇인가.
한마디 큰소리 질러 삼천 세계를 깨뜨리니
눈 속에도 복사꽃이 조각조각 흩날리네.

민족 대표 33인 모으기

1918년 1월, 미국 대통령 우드로 윌슨이 '민족 자결주의'라는 14개 조항으로 된 문서를 발표했어. 모든 민족은 자기들의 운명을 스스로 결정해야 하고, 자유와 평화를 위해 스스로 노력해야 한다는 내용이야. 제1차 세계 대전에서 승리한 미국 대통령의 선언이라 꽤 영향력이 컸지. 수많은 식민지 국가들이 독립을 꿈꾸는 분위기가 되었어. 그 바람을 타고 실제로 유럽의 몇몇 나라들이 독립을 이루기도 했지.

"우리도 이 분위기에 힘입어 반드시 독립을 쟁취해야 한다!"

그 기사가 실린 〈대한매일신보〉를 움켜쥔 한용운은 득달같이 최린을 찾아갔어.

"거사를 벌일 절호의 기회요. 세계만방에 우리의 독립을 선언하고 왜놈들을 몰아냅시다!"

"좋은 생각입니다. 지도자급 인물들을 모아 앞장서게 하면 모든 국민이 함께할 것입니다. 우선 앞장설 지도자들을 모아 봅시다."

호가 고우인 최린은 일본 유학생 모임 회장을 지낸 사람으로 한용운과 친구처럼 지냈어.

두 사람은 박영효, 한규설 같은 귀족들을 찾아가 독립운동에 앞장서 줄 것을 요청했어. 하지만 이미 친일파로 굳어 버린 그들은 고개를 흔들었어.

국내에서 이렇게 시간을 끄는 사이 불길은 만주에서 먼저 타올랐어. 신흥 무관 학교의 김동삼, 이동녕, 이시영 등과 김좌진, 안창호, 이승만, 신채호 같은 민족 지도자들이 1918년 음력 11월에 먼저 독립 선언을 한 거야. 이때 발표한 것을 대한 독립 선언서라고 해. 이어 1919년 2월 8일에는 일본에서 공부하던 한국 유학생 600여 명이 독립 선언을 했어.

자극을 받은 국내의 지도자들도 서두르기 시작했지. 마침 고종의 죽음이 독살이라는 소문이 크게 퍼져 국민들의 분노가 한창 커지는 상황이었거든.

　보성 학교 교장이었던 최린이 중앙 중학교 교장 송진우와 교사 현상윤, 최남선과 머리를 맞대고 의논했어.

　"황실의 귀족이나 대한 제국의 고관들은 독립에는 별 관심이 없는 듯하오. 종교인을 중심으로 힘을 모아 봅시다."

　최린의 말에 모두 고개를 끄덕였어.

　최린과 한용운은 함께 기독교의 지도자인 이상재를 찾아갔어. 월남 이상재는 서재필과 함께 독립 협회를 만들었고, 재미난 강연과 활발한 교육 활동으로 이름난 민족 지도자였어. 그래서 흔쾌히 허락하리라 기대했는데, 이상재의 대답은 뜻밖이었어.

　"그건 너무 위험합니다. 독립 선언으로 대규모 폭동이라도 일어나면 저들이 무력으로 진압할 테고, 그러면 피해가 너무 크지 않겠습니까. 차라리 총독부에 독립 청원서를 넣는 게 어떻겠소?"

　한용운은 기가 막혀 버럭 화를 냈어.

　"청원서라뇨? 집 안에 강도가 들었는데, 나가 달라고 강도한테 부탁한단 말입니까?"

　"백성들의 피해가 너무 클 거 같으니까……."

"지금까지 온갖 거짓말로 나라를 집어삼켰는데, 저놈들이 청원서 따위를 받아들이겠습니까? 피를 흘리고 상처를 입더라도 싸워서 몰아내야지요! 지금 그 말씀은 독립 선언에 반대한다는 뜻입니까?"

한용운의 추궁에 이상재는 한발 물러섰어.

"독립 선언에는 찬성하지만…… 나는 차마 대표는 맡지 못하겠소."

"선생님이 앞장서 주셔야 기독교인을 포함한 많은 백성들이 나설 겁니다. 왜 못 한다는 겁니까?"

"나는 이미 늙었고, 감히 기독교를 대표할 만한 인물이 못 되오."

한용운의 간곡한 설득에도 이상재는 고집을 꺾지 않았어. 실망한 한용운은 그 후로 다시는 이상재를 보지도 않았대.

"천도교로 가 봅시다."

한용운은 최린과 함께 의암 손병희의 집으로 찾아갔어. 손병희는 최제우와 최시형으로 이어진 천도교의 3대 교주이자 큰 부자였어. 더구나 당시 천도교는 가장 많은 교인을 거느린 민족 종교여서 꼭 필요한 인물이었지. 하지만 큰 교단의 책임자라 함부로 움직이기 어려웠던가 봐.

"월남 선생은 승낙을 했소?"

손병희가 대답을 미적거리자 한용운의 성질이 폭발했어.

"의암 선생은 월남 선생의 뜻에 따라 움직이는 분입니까? 가장 많은 교인을 거느린 선생께서 민족 대표로 나서지 않는다면 나는 일생을 두고 선생을 가만두지 않을 겁니다!"

협박 같은 호소를 하는 간절한 한용운의 마음을 읽고 손병희가 너털웃음을 터뜨렸어.

"아이고 스님, 성질도 참 대단하십니다. 좋습니다. 지금부터 목숨을 걸고 함께 나라를 찾읍시다!"

그 후 한용운은 오산 학교를 일으킨 이승훈을 찾아갔어.

"월남 선생께서 거부하셨는데, 선생님께서 기독교 대표로 나서 주십시오."

이승훈은 가만히 듣고 있다가 담담하게 고개를 끄덕였어.

"좋습니다. 또 다른 기독교 대표들은 내가 설득해 보지요."

이렇게 해서 기독교의 참여가 결정되었어. 그런데 유교가 문제였어. 유교는 거의 천 년 동안 이 땅의 중심이었고, 아직까지 국민들의 정신적 지주였거든.

"면우 곽종석 어른을 찾아가 설득해 보겠소."

곽종석은 의정부 참찬까지 지낸 유학자로 전국 선비들의

존경을 한몸에 받았어.

　한용운은 경상도 거창 산골까지 곽종석을 찾아갔어.

　"내 기꺼이 함께하리다. 며칠 안으로 서울로 올라가 서명하겠소."

　칠순이 넘은 곽종석은 통쾌한 대답으로 한용운의 기운을 북돋아 주었어. 그런데 그 직후에 그만 큰 병이 들어 움직일 수가 없게 되었지 뭐야. 며칠이 지나도 몸이 회복되지 않자 곽종석은 아들에게 도장을 건네주었어.

　"중대한 일이다. 속히 서울로 가 내 뜻을 전하고 네가 도장을 찍어라."

　아들이 부랴부랴 서울에 도착했을 때는 이미 독립선언서 인쇄가 끝나서 서명을 할 수가 없었어. 그래서 유교 대표들이 빠지고 말았지. 그것이 아쉬웠던 한 유교 교단에서는 얼마 뒤 곽종석, 김창숙 등을 대표로 하여 '파리 장서'라는 선언문을 만들어 여러 나라로 보내기도 했단다.

　독립 선언서에 서명한 민족 대표는 천도교 15명, 기독교 16명, 불교는 한용운과 백용성 승려 둘, 다 합해서 33명이었어. 그리고 민족 대표들의 대표는 신도가 가장 많은 천도교의 손병희가 맡게 되었지.

3·1 만세 혁명과 공약 3장

1919년 3월 1일, 드디어 그날이 왔어. 원래는 고종의 장례일인 3월 3일에 일을 벌이려고 했는데, 일본 경찰이 눈치를 채서 일정을 앞당긴 거야.

민족 대표 29명은 태화관이란 종로의 요릿집에 모였어. 먼 곳에 살던 4명은 미처 오지 못했던 거야. 원래는 탑골 공원에서 독립 선언식을 하기로 했거든. 그런데 사람들이 많이 몰려 폭력 시위가 일어나면 피해가 커질까 봐 장소를 바꾼 거야. 그리고 일부러 일본 경찰에 연락했어. 화들짝 놀란 경찰 80여 명이 순식간에 태화관을 포위했지.

"만해 선생, 연설 한바탕 하시고 독립을 선포하시지요."

최린의 제의에 따라 한용운이 단상에 올랐어. 하지만 이미 일본 경찰이 둘러싸 제대로 연설을 할 수가 없었어. 한용운은

간략하지만 단호하게 소리쳤어.

"여러분! 오늘 우리는 독립을 선언했습니다! 정말 기쁩니다! 다 같이 만세를 부릅시다!"

한용운이 독립 선언서를 흔들며 먼저 만세를 외치자 모두 자리에서 벌떡 일어나 만세를 외쳤어.

"대한 독립 만세! 만세! 만세!"

일본 경찰들은 서둘러 민족 대표들을 붙잡았고, 이미 각오한 대표들은 순순히 경찰서로 잡혀갔어.

하지만 시작은 그때부터였어. 아침부터 탑골 공원에 학생들이 잔뜩 모여 있었고, 미리 독립 선언서를 받아 간 학생 대표의 우렁찬 목소리가 3월 하늘로 울려 퍼졌어.

"우리는 오늘 조선이 독립한 나라이며, 조선 사람들이 이 나라의 주인임을 선언한다! 이 선언을 세계 온 나라에 알리어 인류가 평등하다는 크고 바른 도리를 분명히 하며, 이것을 후손들에게 깨우쳐 우리 민족이 자기의 힘으로 살아갈 정당한 권리를 영원히 지녀 누리게 하려는 것이다!"

이렇게 시작하는 '독립 선언서'는 최린의 감독으로 최남선이 쓰고 소설가 이광수가 교정을 보았어. 그런데 그게 너무 한자가 많아 어렵고 내용은 약해서 한용운은 불만스러웠어. 그래서 직접 행동 지침인 '공약 3장'을 덧붙였어.

1. 오늘 우리들의 거사는 정의와 인도와 생존과 번영을 위한 민족적 요구이니, 오직 자유 정신을 발휘할 것이요, 남을 해치려는 감정으로 치닫지 말라!

2. 최후의 한 사람까지 최후의 순간까지 민족의 정당한 의사를 시원스레 발표하라!

3. 모든 행동은 질서를 존중하여, 우리들의 주장과 태도를 어디까지나 밝고 분명하고 올바르게 발표하라!

학생 대표가 공약 3장까지 낭독하자 여기저기서 태극기가 펄럭였고, 학생들은 모자를 하늘로 던져 올리며 만세를 부르기 시작했어.

"대한 독립 만세!"

학생들이 소리치며 시가행진을 하자 삽시간에 사람들이 불어났어. 고종의 장례식을 보기 위해 전국에서 올라온 사람들이 합류한 거야. 놀란 일본 경찰이 총칼로 저지에 나섰지만 만세 소리는 갈수록 커지기만 했어.

이렇게 시작된 만세 운동은 전국 각지로 들불처럼 번져 갔어. 서울에서 시위를 했던 학생들이 고향으로 가서 불꽃을 옮긴 거야. 3월에 시작된 시위는 5월까지 함성이 그치지 않아 200만 명이 넘게 참여한 민족사 최대의 민중 항쟁으로 기록되었어.

피해도 엄청났지. 일제는 경찰과 헌병까지 동원해서 사람들을 마구 죽였어. 총으로 쏘고, 칼로 찌르고 베고, 심지어 사람들을 교회에 가둔 채 불을 지르기도 했어. 수천 명이 죽고 1만 명이 넘게 감옥에 갇혔어. 고문을 당해 죽은 이도 많고, 유관순처럼 감옥에서도 만세 운동을 계속하다가 세상을 떠난 사람들도 있었어.

3·1 운동을 '만세 운동'이라고 하지만 실은 '혁명'으로 불러야 마땅해. 그때를 시점으로 많은 게 변했거든. 우리 민족의 독립 의지가 세계에 알려지고, 가만히 숨죽이고 있던 민중들이 행동으로 맞서기 시작했어. 그저 지도자들이 정치를 잘못해 나라를 뺏겼다고 생각하던 민중들이 스스로 나라를 찾으려는 의지를 갖게 된 거야. 그래서 고향을 떠나 독립군이 되기도 하고 독립 자금을 지원하는 사람도 많아졌어. 일본도 힘으로만 다스리려다가 안 되겠기에 문화적인 다스림으로 통치 방법을 바꾸었지. 이렇게 대대적으로 사회가 변하고 의식이 바뀌었으니 혁명으로 불러야 옳다는 주장도 있단다.

3·1 운동 이후로 뚜렷하게 바뀐 세 가지가 있어.

첫째는 나라의 중심인 정부가 생겼다는 거야. 상하이에 임시 정부가 만들어지고 이승만이 초대 대통령이 되었지.

둘째는 대한민국이란 이름을 갖게 된 거야. 그 전까지 대한 제국이었으나 계속 조선으로 불리다가, 임시 정부가 대한민국은 국민을 중심으로 한 민주 공화국이라고 선포한 거야.

셋째는 태극기의 전파야. 그 전까지 태극기는 이름도 없이 그저 조선 국기로만 알려졌고, 모르는 사람도 많았거든. 그런데 이때 태극기를 많이 만들어 독립운동을 하다 보니 진정한 국기가 되었고, 이름도 태극기로 부르기 시작했단다.

감옥 안에서도 한용운의 의지는 변함이 없었어. 민족 대표들 가운데 사형을 받거나 평생 옥살이를 할지도 모른다는 소문을 듣고 울면서 걱정하는 이들이 있었거든. 한용운은 그들에게 똥통의 오물을 뿌리며 소리쳤어.

"나라를 뺏겼는데, 민족 대표라는 자들이 죽는 게 그렇게 두려운가? 그렇다면 당장 대표를 취소해!"

그걸 지켜보던 다른 대표들은 껄껄 웃음을 터뜨렸고, 엄살을 떨던 대표들은 뜨끔하여 입을 꾹 닫았지.

그 후 협박에 못 이긴 많은 민족 대표들이 변절을 했어. 반성문을 쓰고 일찍 감옥에서 나간 사람도 있었고, 적극적인 친일파가 된 이도 있었지. 최린과 최남선, 이광수도 훗날 변절을 해서 친일파가 되었어. 하지만 한용운은 감옥에서 나와서도 독립 의지를 꺾지 않았어. 훗날 변절한 최남선이 찾아와 인사를 하니까, "난 그런 사람 모르오. 내가 아는 최남선은 죽었소."라고 할 정도였대.

한용운은 특히 청년들에게 민족정신을 심어 주려 애썼어. 많은 강연을 하고 시와 소설도 써서 발표했지. 독립운동가들의 뒤를 살피고 격려하는 일도 잊지 않았어.

한용운은 역사학자 단재 신채호가 뤼순 감옥에서 죽자 비석을 세우기도 했어. 독립운동가 김동삼이 서울의 감옥에서 죽었다는 소문에도 득달같이 달려갔지. 한용운은 총독부 눈치가 보여 아무도 돌보지 않는 김동삼의 시신을 자기 집으로 옮겨 와서는 장례를 치러 주었어. 한용운은 나라를 빼앗겼을 때 이후 한 번도 울지 않았는데, 이때 해방된 조국을 맡을 지도자가 죽었다며 눈물을 흘렸대.

이렇게 철저한 저항 정신으로 살던 한용운은 해방을 한 해 앞둔 1944년에 66세 나이로 숨을 거두었단다.

한용운은 3·1 운동의 지도자로 큰 공을 남겼지만, 시인으로서도 뛰어난 업적을 쌓았어. 설악산 백담사에서 쓴 88편의 시를 묶은 시집 《님의 침묵》엔 독립운동가이자 혁명가인 그의 사상이 아름답게 표현되어 있어. 시집은 님에 대한 그리움과 사랑으로 가득 채워져 있거든.

그의 님은 조국이기도 하고, 진리이기도 하고, 부처님이기도 하고, 사랑하는 사람이기도 해. 그는 모든 그리운 것은 다 님이라고 했어.

그럼 〈님의 침묵〉 몇 구절을 감상하며 님의 의미를 생각해 볼까.

……
　우리는 만날 때에 떠날 것을 염려하는 것과 같이 떠날 때에 다시 만날 것을 믿습니다.
　아아, 님은 갔지만 나는 님을 보내지 아니하였습니다.
　제 곡조를 못 이기는 사랑의 노래는 님의 침묵을 휩싸고 돕니다.

누구일까? 일제 강점기의 독립운동가, 장군

1889년 ~ 1930년

어떤 일을 했을까?
북로 군정서를 조직하고 청산리 대첩에서 일본군을 크게 무찌름

청산리 대첩의 영웅
김좌진

교육만으로 나라를 찾을 수는 없다

1895년에 우리나라에 두 가지 큰 사건이 터졌어. 하나는 일본 자객들이 명성 황후를 죽인 것이고, 두 번째는 상투를 자르라는 단발령을 내린 거야. 우리나라의 문화를 자기들 식으로 바꾸려는 일본의 압박이었지.

하지만 머리카락 한 올도 조상의 몸처럼 생각하던 대다수 사람들은 크게 반발했어. 목은 잘라도 상투는 못 자른다며 스스로 목숨을 끊은 선비들까지 있었으니까. 이런 반발심이 거세져 결국 의병들이 일어나 일본과 싸우게 되었어.

충청도 홍성에서도 의병이 일어났거든. 하루는 의병 부대가 어느 마을을 지나가다가 재미난 광경을 보고 행군을 멈추었어. 아이들이 병정놀이를 하는데, 진을 만들고 대장기가 펄럭이는 게 제법 그럴싸했거든.

"재미있게들 노는구나. 누가 대장이냐?"

의병 대장이 호기심 가득한 표정으로 묻자 한 아이가 앞으로 쓱 나섰어.

"내가 대장이오."

얼굴로 보아서는 이제 예닐곱 살쯤 되어 보이는데, 몸이 단단하고 눈은 부리부리했어.

"허, 그놈 눈매 한번 매섭네. 큰 애들도 있는데 네가 대장이라고?"

의병들이 가소로운 듯 웃으니까 아이가 이렇게 말했어.

"어르신들이나 우리나 병정놀이는 매한가지인데, 어리다고 얕보지 마십시오."

의병들이 군복도 제대로 입지 않고 무기도 허술한 걸 보고 한 말이야.

"허, 그놈 참 당돌하구나. 대장기에는 뭐라고 썼는지 한번 보자."

의병 대장이 아이들의 대장기를 잡아 펼치고는 읽었어.

"억강부약(抑强扶弱)이라. 강한 자를 누르고 약한 자를 돕는다. 허허허, 좋은 뜻이구나. 재미있게들 놀아라."

 그렇게 지나가려던 의병 대장이 문득 걸음을 멈추고 한 아이를 노려보았어.

 "모두 댕기 머리인데 너만 단발을 하였구나. 분명 친일파의 자식이겠지. 저놈을 잡아라."

 대장의 명에 의병 하나가 그 아이를 붙잡았어.

 "너도 자라서 친일파가 될 테니 일찌감치 없애야겠다."

 의병 대장의 눈짓에 의병 하나가 칼을 빼 들었고, 단발을 한 아이는 파랗게 질렸어. 다른 아이들도 눈치만 보며 떨고 있었지. 그때 대장 아이가 가로막고 나섰어.

"그는 내 형이오. 우리 아버지는 절대로 친일파가 아니니 살려 주십시오."

의병 대장은 한눈에 아이들이 형제가 아니라는 걸 알아보았지. 하지만 부하를 보호하려는 마음에 감탄하고 말았어.

"이제야 네가 대장인 이유를 알겠구나. 장차 왜놈들을 물리치는 훌륭한 진짜 대장이 되거라."

의병들은 기분 좋게 웃으며 산으로 사라졌어.

이 골목대장이 바로 김좌진이야. 어릴 적 이름은 명여인데, 백야라는 호로 더욱 잘 알려져 있지.

김좌진의 집안은 대대로 벼슬을 했는데, 쌀을 2000석이나 거두는 땅에 99칸 집을 가진 큰 부자였어. 세 살 때 아버지가 돌아가신 뒤 할머니와 어머니가 그를 아주 엄하게 키웠대.

어린 김좌진은 총명해서 공부도 잘하고 글도 잘 짓고 글씨까지 힘이 넘치고 반듯했어. 그런 데다 골목대장답게 말타기와 활쏘기도 좋아했으니 문무를 고루 닦은 셈이지.

김좌진은 열두 살부터 집안의 가장이 되었어. 그의 형이 서울 친척 집으로 양자가 되어 갔거든. 어린 가장이 그 큰 집을 잘 다스릴까 걱정했는데, 아주 의젓하고 위엄 있게 집안을 꾸려 가서 모두 놀랐대. 15세에 결혼을 하고는 아주 당당한 대장부가 되었어.

 16세 때인 1904년, 김좌진은 아주 기막힌 일을 벌였어. 하루는 가족과 종들을 다 모아 놓고 크게 잔치를 벌였어. 잘 먹고 난 종들이 이제 뭔가 힘든 일을 시키려나 보다 하고 주인을 바라보았지. 그때 김좌진은 서류 한 뭉치를 들고 나오더니 활활 태우고는 선언했어.

 "이것은 대대로 내려온 이 집안의 종 문서입니다. 이제 여러분은 자유이니 살고 싶은 곳에서 마음대로 살아도 됩니다."

 종들은 기쁘면서도 걱정이 되어 물었어.

 "은혜가 하늘과 같사온데, 갑자기 이러시면 저희들은 어떻게 먹고삽니까?"

 김좌진이 대답했어.

 "그동안 우리 집안을 위해 고생했는데, 그냥 내보내기야 하겠습니까. 나이 많은 순으로 차례대로 나오세요."

 김좌진이 수천 석 논밭 문서를 나누어 주니 모두 감복하여 눈물을 흘렸지.

 이듬해 김좌진은 서울로 가서 육군 무관 학교에 입학하여 군인의 길을 걷기 시작했어. 그런데 1907년 일제가 대한 제국 군대를 해산시키는 바람에 무관 학교도 사라져 버렸어.

고향으로 내려온 김좌진은 학교를 세웠어. 호명 학교라고 이름 붙였는데, 호서(충청도)를 밝힌다는 뜻이야. 그런데 급히 학교를 세우느라 건물이 없어서 동지들이 고민이었거든.

"우리 집이 크니까 거길 학교로 사용합시다."

"아니, 그럼 선생은 어디서 살려고요?"

"저야 조그만 집으로 옮기면 됩니다. 나라를 살리는 건 오로지 교육에 달렸는데 우리 집이 사용된다면 영광이지요."

다시 서울로 간 김좌진은 오성 학교를 세우고, 〈한성신보〉라는 신문사 이사로도 활동을 했지. 이렇게 교육과 문화 사업을 벌이던 김좌진은 한일 병합이 되자 태도를 바꾸었어.

"이미 죽고 나면 만 가지 약이 무슨 소용인가? 먼저 힘을 길러 나라를 찾은 다음에 교육도 하고 문화 사업도 해야 할 것이다."

비로소 김좌진은 교육과 계몽보다는 일제와 싸울 군인을 기르는 게 우선이라는 걸 깨달았어. 그는 동지들과 만주에 군사 학교를 세우기로 하고는 자금을 모으기 시작했어. 그러

는 중에 그만 일본 경찰에게 붙잡혀 2년 반이나 감옥살이를 하게 되었지 뭐야.

감옥살이는 김좌진의 뜻을 더욱 굳건하게 만들었어. 감옥에서 나온 그는 대한 광복회란 비밀 군사 단체에 가입했어. 비밀리에 자금을 모아 군사를 일으키려는 조직이었지. 거기서 활동하던 김좌진은 총사령 박상진의 새로운 명을 받았어.

"동지는 부사령 이진룡 동지와 만주로 가서 독립군 부대를 조직하시오."

김좌진은 이진룡과 몇몇 동지들을 데리고 압록강을 건너 만주로 갔어. 그런데 이진룡이 갑자기 죽는 바람에 김좌진이 부사령이 되어 모든 일을 맡게 되었지.

그 후 김좌진이 한창 독립군 부대를 키워 가는 중에 큰 문제가 생겼어. 자금을 만들어 지원해 주던 국내의 대한 광복회 간부들이 일본 경찰에 체포되어 죽임을 당한 거야. 군대도 만들어야 하고 무기도 구입해야 하는데, 갑자기 막막하게 되었지. 이때 하늘이 미리 준비한 구원의 밧줄을 내려 주듯 누군가가 찾아왔어.

"서일 단장께서 백야 장군을 뵙기를 원합니다."

서일은 김좌진보다도 먼저 만주로 와서 독립군을 일으킨 사람이야. 그는 대종교에서 높은 직위에 있어서 두루 존경받고, 군자금도 많이 지원받고 있었거든. 서일이 단장을 맡고 있던 중광단에는 군사가 1500명이나 있었으니 독립군 가운데 가장 큰 부대였지. 대종교는 환인, 환웅, 단군의 가르침을 받드는 민족 종교로 당시에 독립운동을 맨 앞에서 이끄는 단체였어.

김좌진은 당장 달려가 서일과 마주앉았어.

"3·1 운동 이후 독립 자금이 넉넉해져서 군사 학교를 지으려는데, 백야께서 맡아 주면 어떻겠소?"

서일과 깊은 대화를 한 김좌진은 자신도 대종교를 받아들이고 기꺼이 일을 맡기로 했어. 이렇게 북로 군정서라는 부

대가 만들어지고 사관 양성소까지 생겼어. 서일은 총재가 되고 총사령관은 김좌진이 맡았으니 그의 첫 번째 꿈이 이루어진 셈이었지.

빛나는 청산리 대첩

1920년, 김좌진은 사관 양성소의 졸업생들과 기존의 부대원을 연합하여 북로 군정서 1600명을 꾸렸어. 그리고 독립 투쟁사에서 가장 큰 업적인 청산리 대첩을 이끌게 되었지. 청산리 대첩을 이해하려면 먼저 봉오동 전투와 홍범도 장군을 알아야 해.

1868년에 평안도에서 태어난 홍범도는 일찍 부모를 여의고 머슴살이를 하며 자랐어. 뒷날 포수가 되어 호랑이를 잡기도 했는데, 포수들을 모아 의병을 일으켜 독립군이 되었지. 그는 하도 빠르게 일본군을 치고 내빼서 '하늘을 나는 호랑이'라는 별명까지 붙었어. 수많은 전투를 통해 일본에는 공포를 안겨 주고 우리 민족에게는 희망을 심어 준 영웅이었지.

봉오동 전투는 삼둔자에서 시작되었어. 1920년 6월 4일, 홍범도의 대한 독립군이 만주의 삼둔자에서 두만강을 건너가 일본 헌병 순찰대를 기습했거든. 화가 난 일본군이 삼둔자로 쳐들어왔고, 독립군은 다시 그들에게 참패를 안겨 주었어.

"독립군의 근거지까지 싹 쓸어 버려라!"

약이 오른 일본군은 '월강 추격대대'라는 특별 부대를 만들어 쳐들어왔어. 그들의 목표는 독립군 부대와 독립군을 지원하는 민간인이 사는 봉오동이었어.

"우리 민간 동포들이 피해를 입어서는 안 된다."

보고를 받은 홍범도는 먼저 봉오동의 동포들을 피신시키고 일본군을 봉오동으로 끌어들였지. 마침내 일본군이 봉오동에 들어오자 숨어 있던 독립군이 산 위에서 일제히 공격을 퍼부었어. 호리병에 갇힌 신세가 된 일본군은 병력 대부분을 잃고는 도망쳤어. 이때 독립군은 겨우 네 명이 죽고 몇 명이 다쳤대. 그때까지 있었던 독립군의 전투 중에 가장 큰 승리였지. 그리고 더 큰 승리가 이어졌는데, 바로 청산리 대첩이란다.

봉오동 전투로 독립군의 기세가 오르자 일본군은 위협을 느끼고 더 큰 작전을 세웠어. 만주의 간도 지역은 중국 땅이라서 일본군이 마음대로 작전을 펼 수 없었거든. 그래서 먼저 중국을 압박해서 군사 작전을 할 수 있도록 만들었어. 그런 다음 독립군을 완전히 소탕하려는 작전을 펼쳤지.

이에 독립군은 하나로 뭉쳐서 대항하기로 했어. 당시 여러 독립군 단체가 있었는데, 김좌진이 이끄는 북로 군정서가 1600명으로 가장 컸고, 그다음은 신흥 무관 학교가 만든 서로 군정서, 그리고 홍범도의 대한 독립군과 더 작은 부대들이 여럿 있었어. 이 모든 독립군 단체가 백두산 안도현에 모여 하나의 부대를 만들어 새 기지를 세우기로 한 거야.

"민족의 영산 백두산에서 우리는 더 큰 하나가 되어 반드시 원수 일본을 물리칠 것이다. 백두산으로 이동하라!"

사령관의 명에 따라 북로 군정서는 행군을 시작했어. 그 정보를 입수한 일본군은 트럭을 타고 바짝 추격해 왔어.

"이대로 가다가 공격받으면 손도 못 쓰고 당한다. 함부로 못 쫓게 먼저 기습을 해야겠다."

김좌진은 부대를 둘로 나누었어. 제1대는 자신이 맡아 이동 작전을 지휘하고, 제2대는 신흥 무관 학교 교관 출신인 이범석이 맡아서 적을 기습하도록 했어. 이범석의 부대는 수풀이 우거진 백운평 계곡에 숨어서 적을 기다렸어.

1920년 10월 21일 아침, 일본군 선발대가 백운평으로 들어섰어. 기다리던 독립군의 총구가 불을 뿜기 시작했지. 일본군 200여 명은 놀라 도망치다가 대부분 죽고 말았어.

같은 날 오후, 일본군은 북로 군정서의 뒤를 따르던 홍범도 부대를 공격했어. 포위를 당해 위기에 빠졌던 홍범도는 기막힌 작전을 폈어. 일부러 일본군의 중간에 끼어 싸우다가 밤이 깊어지자 조용히 빠져나간 거야. 일본군은 자기들끼리 밤새 총을 쏘아 댄 결과 400여 명이나 죽고 말았지.

그리고 22일 새벽, 이범석 부대와 연합한 김좌진은 청산리 어랑촌에서 일본군의 선봉대를 기습해 박살내 버렸어. 이어 일본군 본대가 몰려오자 큰 전투가 벌어졌지.

김좌진은 중요한 고지마다 기관총을 배치하고 병사들에게 높은 능선을 지키도록 했어. 우세한 병력으로 청산리를 포위한 일본군은 대포와 기관총을 쏘며 덤벼들었어. 이날 전투가 가장 치열했어. 일본군이 쏜 대포의 위력에 김좌진의 모자가 날아가고, 이범석의 칼이 부러지기까지 했대. 자칫하면 목숨이 날아갔겠지.

전투는 이틀 밤낮 동안 쉬지 않고 이어졌어. 총성이 멎고 날이 밝자 어랑촌 계곡에는 일본군 시체가 낙엽처럼 널려 있었어. 그 후 벌어진 몇 차례 전투까지 합하여 10여 회를 싸웠는데, 모두 독립군이 이겼어. 일본군은 1200여 명이 죽고, 훨씬 더 많은 부상자를 내고는 후퇴했지. 이것이 우리 독립운동 사상 최대의 성과를 올린 청산리 전투란다.

이 승리 소식에 온 국민이 환호했지. 이에 대한 일본의 보복은 야비하고 무서웠어. 그들은 간도에 사는 우리 동포들을 무참히 죽이고 마을을 불태웠어. 이를 간도 참변이라고 해.

그 후 독립군은 러시아 지역으로 가서 새롭게 시작하려 했

어. 하지만 도와주겠다던 러시아 공산당은 독립군의 무기를 뺏고는 해체시켜 버렸어. 그 때문에 독립군 내부에서도 의견이 갈라져 싸우다가 뿔뿔이 흩어지게 되었어. 이때부터 독립군도 여러 갈래로 나뉘었는데, 특히 민족주의자와 공산주의자는 사이가 아주 나빠졌어.

다시 만주로 돌아온 김좌진은 신민부를 만들어 독립군을 일으키고 총사령관이 되었어. 군사 학교도 다시 세웠지. 이어 한족총연합회를 만들어 갈라진 독립군들을 하나로 모으려고 노력했어.

그러던 어느 날, 한 공산주의자 청년이 김좌진을 쏘고 말았어. 김좌진이 공산주의자 독립군을 팔아넘긴다는, 일본이 퍼뜨린 헛소문에 넘어간 거야.

1930년 1월, 만주의 모든 동포들이 슬퍼하며 장례를 치렀지. 중국인들마저 '고려인의 왕이 죽었다'라며 슬퍼했대.

그 후 독립군의 무장 투쟁은 힘을 잃었고, 여러 갈래로 나뉜 독립군은 직접적인 전투보다는 비밀 결사대로 게릴라전을 펼치며 독립 전쟁을 이어 가게 된단다.

박은식: 1859년 ~ 1925년 / 신채호: 1880년 ~ 1936년

누구일까? 일제 강점기 독립운동가이자 역사학자

역사

어떤 일을 했을까?
신문에 논설을 실어 민중의 독립 정신을 북돋우고 국사 연구에 힘씀

박은식과 신채호

겨레 역사를 밝힌 두 개의 등대

칼보다 강한 펜을 휘두르다

일본이 한국을 점령한 다음 우선적으로 한 일이 역사 불태우기였어. 중요한 역사책을 없애거나 일본으로 빼돌렸지. 오래된 역사책과 대한 제국 시절에 교과서로 사용하던 책과 위인전까지 없애 버렸어. 그러고는 자기들 입맛대로 우리 역사를 새로 만들려고 했지. 그때 조선 총독부는 이런 지침을 내렸어.

"조선인들이 자기 뿌리를 알지 못하게 하고, 좋은 점은 감추고 침략받고 서로 싸운 부끄러운 역사는 잘 드러나게 만들어라."

일제는 땅과 주권뿐만 아니라 역사까지 비틀고 조작하려

했어. 이런 일제의 만행을 깨부수고 역사를 통해 민족정기를 되찾고 독립을 이루려고 한 사람이 박은식과 신채호란다.

박은식은 1859년에 황해도 황주에서 태어났어. 위로 4형제가 모두 일찍 죽은 탓에 집안의 대를 이을 소중한 아이였지. 아버지는 그런 아들이 탈이라도 날까 봐 공부를 일찍 시키지 않았어. 그래서 열 살이나 되어서 서당 공부를 시작했는데, 아버지가 바로 훈장님이었대.

공부를 잘하기보다는 몸이 건강했으면 하는 게 아버지의 바람이었는데, 박은식은 공부를 너무 잘했어. 늦게 시작했는데도 일찍 시작한 친구들을 금방 앞질렀고 공부하는 태도도 신중했대. 그렇게 7년쯤 지나자 아버지가 말했어.

"이제 내가 더 가르칠 게 없으니 과거에 도전해 보아라."

박은식의 대답은 뜻밖이었어.

"벼슬을 사고파는 어지러운 세상에서 과거를 보느니 백성들의 삶에 직접 도움을 주고 싶습니다."

아버지는 서운했지만 아들의 뜻을 존중해 주었어.

그 후 박은식은 폭넓은 공부를 하고자 여행에 나섰어. 뛰어난 선비가 있으면 찾아가서 대화하며 배웠지. 그런 어느 날

정약용의 고향인 두물머리로 갔어. 거기서 정약용의 제자인 신기영을 만난 거야.

"모든 선비와 벼슬아치가 백성을 위한다고 말은 하지만 실제로 어떻게 해야 하는지 배운 바는 없소. 다산 선생님의 가르침이야말로 실제로 삶에 도움이 되니 배워 보시려오?"

"가르침을 주시는데 어찌 사양하겠습니까."

박은식은 기꺼이 절을 하고 가르침을 청했어. 신기용은 박은식에게 정약용의 학문을 두루 알려 주었지.

"이제야 희미하던 눈을 제대로 뜬 것 같습니다."

정약용의 실학 사상에 큰 영향을 받은 박은식은 공부가 더욱 깊어졌어. 그 후 안중근의 아버지 안태훈과도 사귀었는데, 사람들은 그 둘을 황해도의 두 천재라고 불렀어.

얼마 후 어머니의 소원을 들어드리는 의미로 지방 과거를 보았는데, 당당히 특선으로 뽑혔어. 그 덕에 종9품인 참봉 벼슬을 받았으나 벼슬길로 나갈 마음은 별로 없었대.

박은식은 고향을 떠나 서울로 갔어. 1898년에 장지연과 함께 〈황성신문〉의 주필이 되어 국민을 일깨우는 글을 쓰기 시작한 거야. 박은식은 국민을 교육시키는 일이 최선이라고 강조했어. 그는 유교 교육 기관인 경학원에서 유학을 강의하는 한편, 한성 사범 학교에서도 민족의식과 역사의식을 불어넣는 강의를 펼쳤어. 박은식은 기회가 있을 때마다 이렇게 주장했어.

"학교를 많이 세우고 교사를 많이 키워 내면 반드시 문명국이 되고 나라는 크게 일어납니다. 특히 아이들을 가르치고, 아이들을 키우는 여성들을 잘 가르쳐야 합니다."

교육은 국민 누구나 의무적으로 하도록 나라에서 법으로 정해야 한다고 조정에 상소를 올리기도 했어. 하지만 친일 매국노로 가득한 조정에서 그 상소를 들어줄 리 없었지.

1905년에 결국 을사조약이 맺어지자 국권은 절반 이상이나 일본으로 넘어가 버렸어. 〈황성신문〉의 주필 장지연은 그것을 비판하는 글 '시일야방성대곡(이날에 목놓아 운다)'을 썼다가 감옥에 갇히고, 신문사는 신문을 발행하지 못하게 되었어. 박은식도 더 이상 글을 쓸 수 없게 된 거야.

그 얼마 후, 양기탁이란 사람이 찾아왔어. 영어 실력이 뛰어나서 조정에서 외교 문서를 번역하던 사람인데, 〈대한매일신보〉라는 신문사를 운영하고 있었어.

"선생님, 우리 신문사에 오셔서 그 날카로운 펜을 휘둘러 주십시오."

"글쎄, 영국인과 함께라니 어쩐지……."

박은식은 고개를 가로저었어. 신문사의 발행인이 마음에 들지 않았던 거야. 발행인 베델(배설)은 영국인인데, 영국은 일본의 동맹국으로 식민지 개척에 앞장선 대표적인 나라였거든.

"배설 사장은 선생님을 꼭 모셔 와야 한다고 했습니다. 그는 영국인이지만 누구보다도 우리나라의 독립을 원합니다. 원래 이름도 어니스트 베델(Ernest Bethell)인데 우리식으로 배설로 바꿀 정도로 우리나라에 대한 사랑이 깊습니다. 우리 신문사는 왜놈들의 검열을 받지 않으니 마음껏 글을 쓰실 수 있습니다."

양기탁의 간절한 부탁에 박은식은 〈대한매일신보〉의 주필이 되었어. 신문사 입구에는 '일본인 출입 금지'라고 써서 척 붙였지. 그리고 일본을 비판하고 국민을 계몽하는 글을 힘차게 써 나갔어.

〈대한매일신보〉에는 박은식과 더불어 역사학자인 신채호의 글도 자주 실었거든. 일본 경찰은 걸핏하면 그 두 사람을 경찰서에 잡아 가두곤 했어. 그럴 때마다 베델은 즉각 경찰서로 달려가서 항의하여 빼내 오곤 했지. 베델의 그런 노력

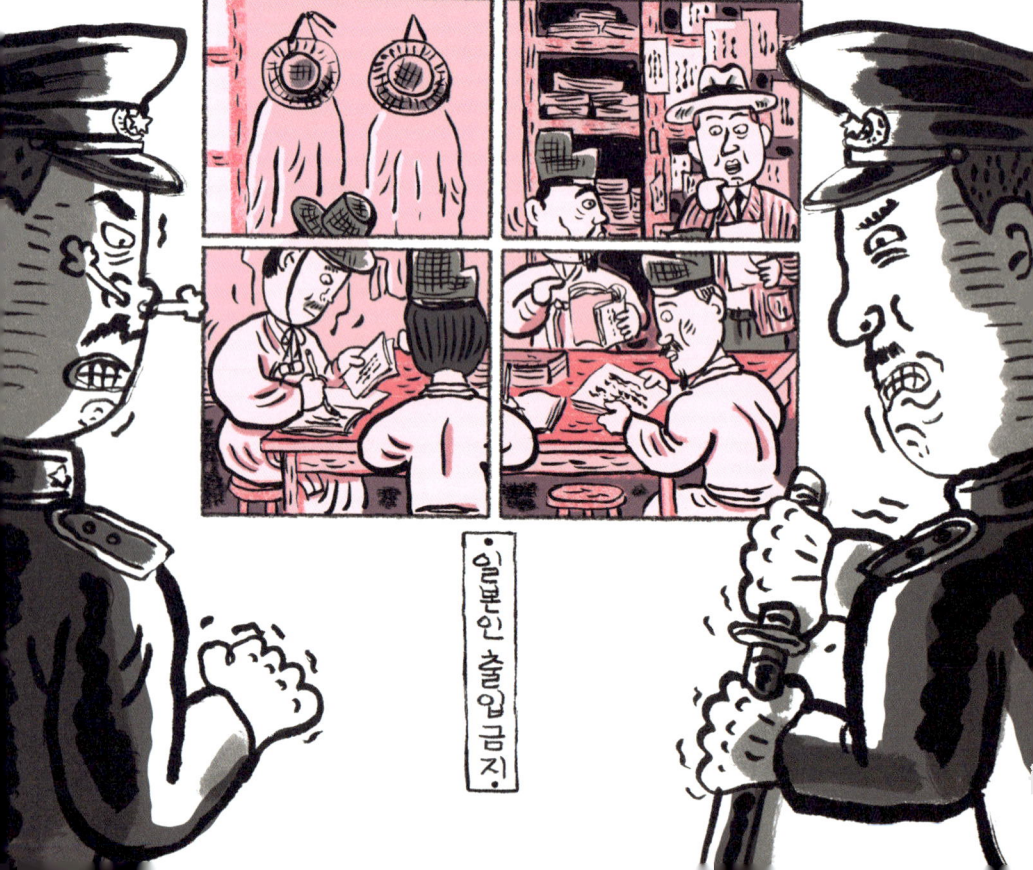

덕분에 〈대한매일신보〉는 독립군의 활동까지 보도할 수 있었고, 가장 인기 있는 신문이 되었어.

그러자 일본은 영국 정부를 설득하여 베델이 신문을 못 만들도록 수작을 부렸어. 베델을 재판에 넘겨 벌을 주고 협박도 했지. 결국 신문에서 손을 뗀 베델은 36세 젊은 나이에 심장병으로 죽고 말았단다. 베델은 죽어서도 영국으로 돌아가지 않고 한강변 외국인 묘지에 묻혔는데, 박은식은 크게 슬퍼하며 추모하는 시를 짓기도 했어. 그 이듬해 한일 병합 조약이 맺어지자 결국 〈대한매일신보〉는 폐간되었다가 총독부 기관지로 변질되고 말았지.

나라가 형체라면 역사는 정신이다

"아, 이제 이 땅에서는 아무것도 못 하겠구나."

국권을 뺏기고 나라의 이름마저 사라지자 박은식은 기차에 몸을 싣고 만주로 건너갔어.

만주에 온 박은식은 독립군을 기르는 학교에서 강의를 하며 새로운 일을 시작했어.

"여기는 저 아득한 옛날 고조선부터 부여와 고구려와 발해가 다스리던 조상의 땅이다. 그들의 활약을 알려 대한 청년들의 기상을 드높여야겠다."

박은식은 위인전을 쓰고 역사 연구에 힘을 기울였어. 《동명성왕실기》, 《발해태조건국지》, 《명림답부전》, 《천개소문전》 등의 위인전을 썼고, 《대동고대사론》이란 논문도 지었어. 그리고 몇 년 후에는 《안중근전》과 더불어 그의 대표적 역사책인 《한국통사》를 썼단다.

흥선 대원군이 다스리던 시절부터 일제에 주권을 빼앗긴 과정을 기록한 《한국통사》는 민족주의 역사 연구의 문을 여는 연구나 다름없었어. 그 전까지 나온 역사책들은 중국 역사책을 바탕으로 우리 역사를 연구한 게 대부분이었거든. 하지만 박은식은 역사의 현장에서 우리 관점에 의한 역사 연구를 시작한 거야. 그 책 머리말에 박은식의 사상이 고스란히 표현되어 있어.

옛사람이 말하기를 '나라는 멸망할 수 있으나 그 역사는 결코 없어질 수 없다'고 했으니, 이는 나라가 형체라면 역사는 정신이기 때문이다. 이제 우리나라의 형체는 허물어져 버리고 말았지만 정신은 살아남아야 할 것이다. 바로 이 때문에 나는 우리나라의 역사를 집필하는 것이다. 정신이 보존되어 소멸되지 않으면 형체는 부활할 때가 있을 것이다.

박은식은 그 후에 다시 《한국독립운동지혈사》를 썼는데, 1884년 갑신정변부터 1919년 3·1 운동까지 다룬 역사책으로 일본의 침략을 날카롭게 비판했어.

박은식은 항상 독립을 위해 모든 걸 양보하고 서로 다툼 없이 힘을 합치기를 소망했어. 이런 성품은 두루 존경을 받아 임시 정부의 두 번째 대통령이 되기도 했단다.

당시 임시 정부는 많은 독립운동가들이 파벌을 이루어 다투고 있었거든. 초대 대통령 이승만은 지나치게 외교에만 의존하고 자기 이익을 누리다가 탄핵을 받아 쫓겨난 참이었어. 그 어지러운 상황을 수습할 사람은 모두의 존경을 받는 박은식밖에 없다며 추천을 받아 대통령이 된 거야.

박은식은 여러 파로 갈라진 독립운동가들을 하나로 모으는 데 모든 노력을 기울인 뒤, 스스로 대통령에서 물러났어. 그러고는 병이 들어 1925년에 67세로 숨을 거두고 말았단다. 그가 동포들에게 남긴 유언도 모두가 하나 되어 독립을 이루라는 것이었어.

그의 장례는 임시 정부에서 국장으로 치렀는데, 중국 땅에 묻혀 있던 그의 뼈는 70년이나 지난 후에 고국의 국립 현충원으로 돌아왔단다.

왜놈의 세상에서 고개를 숙일 수 없다

단재 신채호는 박은식보다 21세 어리니 아들 뻘이야. 그런데도 두 사람은 아주 비슷하기도 하고 또 완전히 다르기도 했어. 독립 협회, 신민회 등에서 같이 활동하고, 〈황성신문〉과 〈대한매일신보〉에서 활약한 것도 비슷해. 역사를 연구하고 위인전을 써서 국민의 기상을 드높이려는 시도도 같았어.

성격은 확실히 달라. 박은식은 모두를 조화시키고 단합하려 했는데, 신채호는 아군과 적군을 분명히 갈라 투철하게 싸우는 투사였어. 결정적으로 다른 건, 박은식은 당대의 역사를 연구했는데, 신채호는 민족의 뿌리인 고대사를 주로 연구했다는 점이야. 두 사람을 합하면 우리 역사의 뿌리부터 줄기까지 자세히 알게 되니 완벽한 동반자인 셈이지.

신채호는 충청도 대덕(지금의 대전)에서 태어나 청주의 귀래리에서 자랐어. 벼슬에서 스스로 물러난 할아버지를 훈장

선생님으로 모시고 유학을 배웠는데, 어려서부터 시를 아주 잘 지었대.

아버지가 일찍 돌아가신 신채호의 집은 매우 가난해서 늘 끼니가 걱정이었어. 하지만 공부에 대단한 소질과 열정이 있었고, 집안 어른들 가운데 학자가 많아 공부에 큰 도움이 되었어. 학부대신을 지낸 신기선이 신채호를 성균관에서 공부하도록 도와주기도 했거든. 성균관에서도 빼어난 실력을 인정받은 신채호는 26세에 박사가 되었어.

하지만 신채호는 벼슬길로 나갈 뜻이 없었어. 그는 독립 협회와 만민 공동회에 가입해 독립운동을 시작했어.

많은 독립운동가들이 그랬듯이 신채호도 처음에는 교육에 뜻을 두었어. 고향 청주의 문동 학원 강사로 시작했지. 이때 함께한 동지 신규식은 신채호와 동갑이지만 집안으로는 할아버지 뻘이었어. 두 사람은 손발이 척척 잘 맞아 그 후로도 많은 활동을 함께하게 돼.

"새 학교에서는 한글을 중심으로 가르쳐야 합니다. 우리는 한자로 공부했는데, 그건 몇만 자나 되는 글자를 익히다가 시간을 다 보내기 십상입니다. 배워야 할 건 너무 많은데 말이죠."

많은 사람이 반대했지만 신채호는 한번 뜻을 세우면 꺾는 법이 없었어. 결국 한글로 가르치니 많은 젊은이들이 몰려들어 학원은 금세 자리를 잡았어. 그는 형식 같은 걸 싫어해서 상투머리가 개화와 혁명에 안 맞다며 과감하게 단발을 해 버리기도 했어. 얼마나 주관이 뚜렷하고 고집이 센지, 세수할 때 고개도 숙이지 않았어.

"아니 선생님, 고개를 들고 세수를 하면 옷이 다 젖지 않습니까?"

사람들이 지적하면 신채호는 이렇게 대답했어.

"왜놈들의 세상에 고개 숙이기 싫습니다. 조국이 완전히 독립하면 고개 숙이고 씻지요."

신채호의 글은 간단하고 분명하며 날카롭고 논리적이었어. 또 가슴을 뜨겁게 뛰게 하고 후련하게 만드는 힘이 있었어. 그 실력을 눈여겨본 이는 〈황성신문〉의 주필 장지연이었어.

"자네의 붓이 천 개의 칼보다 강하니 우리 신문사에서 뜻을 펼쳐 보게."

드디어 활약할 무대를 마련한 신채호는 처음에 논설 기자로 입사했다가 곧 주필이 되었어. 그는 거침없는 글로 일본의 속셈을 고발하고 민족의 독립 의식을 드높였어.

다음 무대는 〈대한매일신보〉였어. 박은식을 주필로 만들었던 양기탁이 이번엔 신채호를 주필로 청한 거야. 〈황성신문〉은 한자 위주였지만 〈대한매일신보〉는 한글판과 영어판이 나왔거든. 한글을 더 중시했던 신채호는 더욱 활발한 활동을 펼쳤어. 이때 신문에 위인전을 연재했는데, 인기가 아주 높았어. 〈이순신전〉, 〈을지문덕전〉, 〈최도통(최영)전〉을 썼고, 역사를 읽는 새로운 시각을 강조한 논설 〈독사신론〉으로 역사학자의 면모를 보여 주었지.

만 권의 책보다 광개토 대왕릉비 하나가 더 낫다

신채호가 고국을 떠난 건 1910년 한일 병합 조약 체결 직전이었어. 나라가 완전히 일본으로 넘어갈 듯하자 독립운동을 하기 위해 만주로 간 거야. 그러고 보니 활동이나 발자취가 박은식의 뒤를 그대로 따라가는 듯하지.

처음에 만주로 갔던 신채호는 독립운동 기지인 러시아의 블라디보스토크로 갔어. 거기서도 신문을 만들어 주필로 활발한 활동을 했는데, 그만 건강이 나빠졌어.

그때 오랜 동지인 신규식의 편지가 날아왔어. 학교를 만들려고 하니 상하이로 와서 도와달라는 거야.

상하이로 간 신채호는 거기서 반가운 인물을 만났는데, 바로 박은식이었어.

"선생님, 늘 뒤만 쫓아다니다가 이제야 뵙는군요."

박은식은 신채호의 두 손을 뜨겁게 맞잡고 반겼어.

"그대를 보니 내가 10년은 젊어진 듯 힘이 나는구려."

그들은 선뜻 한마음이 되어 박달 학원을 만들었어. 박달이란 환웅 천왕이 하늘에서 내려온 곳의 큰 나무인 신단수를 말해. 그래서 단군이란 이름에도 박달나무 단(檀) 자를 쓰고, 우리나라의 상고 시대 이름인 배달나라를 뜻하는 나무도 박달나무거든. 그러니 박달은 민족의 뿌리와 정신을 일깨워 주는 학교 이름이라고 할 수 있어. 여기서 박은식과 신채호가 선생이 되어 학생들을 가르쳤으니 참 대단했겠지.

신채호는 신규식이 운영하는 독립운동 단체 동제사에 머물면서 강연도 하고, 중국 신문에까지 글을 실었어. 신채호는 만주 일대를 여행하고, 백두산에 다녀오기도 했거든. 이때 지안에서 광개토 대왕릉비를 보고는 큰 감동을 받았어.

"만 권의 책을 읽는 것보다 광개토 대왕릉비를 보는 것이 더 큰 공부가 될 것이다."

그리고 신채호는 베이징의 대학 도서관에서 중국의 많은 자료를 통해 폭넓은 역사 공부를 했어. 그리하여 훗날 펴낸 책이《조선상고사》와《조선상고문화사》란다.

이 책들에서 신채호는 우리 민족의 정통성을 신라에 둔《삼국사기》와《삼국유사》를 비판하고, 고구려가 부여와 고조선에서 이어진 정통성이 있다고 주장했어. 또 우리 역사의 무대가 한반도를 넘어서 만주와 대륙까지라는 점을 강조했어. 우리 역사의 뿌리를 보다 정확하게 알도록 가르친 거지.

1922년 어느 날, 김원봉이 찾아왔어. 그는 신흥 무관 학교 출신으로 의열단 단장이었는데, 무력 투쟁으로 나라를 되찾아야 한다고 주장했어. 친일파와 일본 관리들을 암살하고 일본 관청에 폭탄을 던지는 활동을 펼쳤지. 그래서 일본 경찰이 가장 두려워했고, 현상금도 가장 많이 걸어서 잡으려고 하는 사람이었어. 무력 투쟁을 싫어하는 이들은 그를 과격한 테러리스트라고 몰아붙이기도 했는데, 김원봉은 그 말에 무척 속이 상했어.

"선생님도 의열단의 활동을 테러라고 생각하십니까?"

어느 날 김원봉이 찾아와 묻자 신채호는 이렇게 대답했어.

"강도를 내쫓는 데 과격이니 테러니 말하는 건 엉터리요.

저놈들은 나라를 총칼로 빼앗고 우리 국민을 개돼지보다 못하게 학대하는데, 무슨 타협을 하고 법을 따진단 말이오. 의열단이야말로 장한 일을 하고 있으니 더욱 힘을 내시오."

어둡던 김원봉의 표정이 환해졌어.

"선생님 말씀을 들으니 속이 시원합니다. 그렇다면 저희 의열단의 결심을 밝히는 선언문을 써 주시겠습니까?"

"물론이지요."

이렇게 해서 쓴 글이 '조선혁명선언'이야. 강도 일본을 쫓아낼 때까지 폭력과 무기를 사용해 투쟁하겠다는 결심과 그런 투쟁은 정당하다고 주장하는 선언문은 독립운동가들에게 큰 힘을 불어넣어 주었어.

이런 신채호의 생각은 죽을 때까지도 변하지 않았어. 신채호는 독립운동 자금을 마련하기 위해 중국인과 짜고 위조 외국환을 만들었어. 그걸 돈으로 바꾸려다가 일본 경찰한테 붙잡혀 재판을 받게 되었지.

"그대가 한 짓이 사기라는 걸 아는가?"

일본 재판관의 물음에 신채호는 고개를 빳빳하게 세운 채 대답했어.

"나라를 찾기 위해 나라를 뺏은 자들을 상대로 하는 모든 행위는 정당하다. 그러므로 양심에 거리낌이 없고 부끄러움도 없다!"

 결국 신채호는 10년 형을 받고 뤼순 감옥에 갇혔는데, 그때 나이 51세였어.

 신채호가 감옥에 갇히자 국내에서는 그를 빼내기 위한 활동이 벌어졌어. 신문사는 신채호의 글을 연재해 크게 인기를 끌었어. 신채호의 논문을 모은 《조선사연구초》라는 책도 출간했지. 한 친일파 부자가 감옥에서 빼내 주겠다고 했지만 신채호는 단호하게 거절했어. 일본인 형무소 소장도 신채호를 존경해서 풀어 주고자 했어.

 "벌써 7년이나 지났는데 누가 뭐라고 하겠소. 일본과 싸우지 않겠다는 이 서약서에 지장만 찍으면 풀어 주겠소."

 아무리 꼬드겨도 신채호는 차가운 감옥에 꼿꼿하게 앉아서 움직이지 않았어. 그러다가 결국 1936년 2월에 숨을 거두고 말았지. 그리하여 유골이 되어서야 고향으로 돌아와 묻혔단다. 단재라는 호는 일편단심(一片丹心)에서 따왔는데, 변함없는 그의 지조와 투지에 딱 맞춤인 것 같지.

누구일까? 독립운동가이자 정치가

1876년 ~ 1949년

어떤 일을 했을까?
한인 애국단을 조직하고 대한민국 임시 정부 주석으로 활동함

임시 정부의 역사가 된 민족 지도자
김구

사형 직전 기적적으로 살아난 청년 김창수

1919년에 일어난 3·1 운동은 우리 역사와 독립운동의 큰 전환점이었어. 그 결과로 임시 정부가 생기고 나라 이름도 대한민국이 되었으니까. 임시 정부는 처음에 서울, 러시아, 상하이 여러 곳에 생겼는데, 결국 상하이로 통합되었어. 이 임시 정부를 맨 처음부터 해방이 될 때까지 묵묵히 이끌어 온 지도자가 바로 김구란다.

김구는 황해도 해주에서 1876년에 태어났어. 어릴 때 이름은 김창수였는데, 양반에서 몰락하여 상민이 된 집안이라 무척 가난했어.

온갖 개구쟁이 짓을 일삼던 김창수는 열두 살 무렵에 문득 공부가 하고 싶어졌는데, 그 이유는 양반이 되고 싶어서였대. 15세 무렵에 겨우 실력 있는 스승을 만나 유학을 익혔거든. 하지만 과거 시험에 부정이 많은 걸 알고는 그만 유학 공부를 접어 버렸어.

김창수는 18세에 동학에 들어갔어. 그런데 이상하게도 김창수를 따라 동학에 들어오는 사람이 마구 불어나는 거야. 그래서 금세 지역 책임자인 접주가 되었고, 이듬해 동학 농민 운동이 일어나자 큰 부대를 맡게 되었지. 그 소문을 듣고 누군가가 은밀하게 사람을 보냈어.

"누가 보냈소?"

"청계산의 진사 안태훈 선생이오."

안태훈은 바로 안중근의 아버지잖아. 그는 동학군을 토벌하는 의병을 일으킨 대장이었거든. 그런데 김창수의 부대와 서로 공격하지 말고 위험에 빠지면 서로 구해 주자는 거야. 그건 순전히 안태훈이 젊은 인재를 아끼는 마음이었어. 김창수도 굳이 적이 될 필요는 없다고 생각해서 그러자고 했지.

얼마 뒤, 동학군 내에서 반란이 일어났어. 욕심 많은 접주 하나가 동학군의 규율을 어기고 제 마음대로 같은 동학군을 공격해 온 거야. 김창수의 부대는 그 동학군한테 무너져서 뿔뿔이 흩어졌어. 얼마 뒤 욕심 많은 접주는 관군한테 잡혀 죽고, 김창수는 관군과 일본군에게 쫓기는 신세가 되었지.

김창수는 안태훈의 약속을 믿고 청계동으로 찾아갔어. 안태훈은 진심으로 김창수를 반겨 주었어.

"이렇게 찾아 주어 정말 고맙소. 아무 걱정 말고 여기서 지내도록 하시오."

안태훈은 자신의 장남 안중근보다 겨우 세 살 많은 김창수를 장수 대하듯 존중했어. 그리고 김창수의 부모까지 모셔다가 집을 마련해 주고는 청계동에 살도록 해 준 거야. 어쩌면 이때 안태훈은 김창수가 훗날 나라를 위해 큰일을 해낼 거라고 예상했는지도 몰라.

그 덕분에 김창수는 청계동에서 귀한 스승인 고능선을 만났어. 고능선은 유학자로, 안태훈도 매우 존경하는 사람이었어. 배움이 부족했던 김창수는 이 두 사람과 대화하고 그들의 서재를 드나들면서 많은 공부를 하게 된단다.

명성 황후가 일본인의 칼에 숨진 얼마 뒤였어. 그 일을 원통해 하던 김창수는 어느 날 압록강에서 멀지 않은 치하포의 한 주막에서 수상한 자를 발견했어. 장사꾼 차림을 했는데, 분명 일본인 첩자 같은 거야.

'조선인인 척 속이고 강을 건너려 하는 저놈은 분명 우리 국모를 죽인 놈이거나 그놈과 한패일 것이다!'

이렇게 단정한 김창수는 그 일본인과 격투를 벌여 죽여 버렸어. 그러고는 '국모의 원수를 갚고자 이 왜놈을 죽였다.'라고 써 놓고는 태연히 집으로 돌아왔어. 얼마 뒤 관청에서 나와 김창수를 잡아갔지.

김창수는 해주 감옥에 갇혔다가 외국인 관련 사건을 처리하는 국제 재판소가 있는 인천의 감옥으로 옮겨졌어. 처음엔 박대하던 감옥의 관리들과 죄수들이 김창수가 국모의 원수를 갚기 위해 의로운 일을 했다는 게 알려지자 그를 우러러보기 시작했어. 감옥의 경무청에서 신문이 시작되자 김창수는 두 눈을 시퍼렇게 뜨고 높은 자리에 앉은 경무청 관리들을 나무랐어.

"나는 시골의 일개 상민이지만 국모가 왜놈에게 죽임을 당한 것이 원통해서 그 원한을 갚고자 고작 왜놈 하나를 죽였을 뿐이오. 그런데 우리 동포 중에 일본의 임금을 죽여 복수하려는 자가 있다는 말조차 들은 바 없소. 신하는 임금의 원수를 갚지 않으면 상복도 입지 않는다고 했는데, 그대들은 녹봉만 도적질하고 있으니 부끄럽지도 않소!"

관리들의 얼굴이 홍당무가 되었고, 심문을 지켜보던 일본인 관리는 얼굴이 붉으락푸르락했지. 그렇게 재판도 제대로 못 했으나 결국 김창수에게 사형 선고가 내려졌어.

하지만 김창수는 당당함을 잃지 않았고 조금도 두려움이 없었어. 감옥 안에서도 줄곧 책을 읽었는데, 새로 번역되어 나온 서양 책을 많이 읽고 시야를 넓혔어. 게다가 글을 모르는 사람들을 모아 글자를 가르치기도 했어.

7월 어느 날, 김창수의 사형 날짜가 발표되었어. 그 소식을 들은 사람들은 눈물을 흘리며 슬퍼했으나 김창수는 오히려 그들을 위로했어. 드디어 사형 시간이 되자 감옥 관리가 헐레벌떡 달려 들어왔어.

"김창수! 어디 있소!"

김창수는 담담하게 사형장으로 가려고 일어섰어. 그런데 관리가 전한 말은 전혀 딴판이었어.

"김창수, 이제 살았소. 지금 폐하께서 김창수의 사형을 정지하라는 명을 내리셨소."

사형은 반드시 임금에게 보고하게 되어 있었거든. 명성 황후의 원수를 갚고자 저지른 일이란 걸 안 고종 임금이 특별 조치를 한 거야.

이렇게 김창수는 기적적으로 사형을 면했어. 그 후 많은 사람이 김창수의 석방을 위해 애썼으나 일본의 압박과 친일파 대신들의 방해 때문에 번번이 실패했지.

'우리 임금께서는 나를 죄인으로 여기지 않으시고, 감옥의 관리나 죄수들도 나를 죄수로 생각하지 않는다. 다만 일본인들만 나를 가두어 두고자 한다. 그들을 즐겁게 하기 위해 내가 감옥에서 남은 삶을 보낼 수는 없지 않은가.'

이렇게 생각한 김창수는 어느 날 밤, 탈옥에 성공했단다.

대한민국 임시 정부의 대표가 되다

탈옥한 김창수는 거지꼴로 삼천리 방방곡곡을 떠돌았어. 관리들이 잡으려고 설치니 어디라도 오래 머물 수가 없었지. 그래서 공주 마곡사에서 머리를 깎고 승려가 되었다가, 한때는 기독교인이 되어 활동하기도 했어.

그런 중에 김창수의 능력과 열정을 알아본 유완무, 성태영 같은 알려지지 않은 지사들이 그를 도와주었어. 그들은 김창수의 생활을 안정시키고 공부를 하게 했어. 민족을 위해 큰일을 할 인재로 키우려 한 거야. 그들은 김창수에게 새 이름을 지어 주었는데, 바로 김구야.

새 이름을 얻은 후 김구는 하는 일도 전과 달랐어. 학교를 세우고 여러 학교에서 교장과 교사를 맡으며 독립 의지를 불태웠어. 하지만 결국 을사조약이 강제로 이루어지고, 곧 한일 병합 조약이 체결되고 말았지.

김구는 신민회에 가입하여 더욱 치열하게 독립운동을 했어. 만주에 군사 학교를 세워 군사를 기르고 일본과 전쟁을 할 계획까지 짰어. 이 일에 앞장선 사람들이 해주의 독립운동가들과 안중근의 사촌 동생 안명근이었어. 일제는 그들을 붙잡아 감옥으로 보냈어. 김구와 동지들도 잡혀갔지. 1911년 5월에 벌어진 이 일을 '안악 사건'이라고 해.

일제는 이 일을 조작해 더 큰 사건으로 만들었어. 데라우치 총독을 암살하려고 자금을 모았다는 죄를 덮어씌워 국내의 독립운동가 600여 명을 엮어 넣었어. 그중에 105명이나 유죄 판결을 받았지. 독립운동의 모든 싹을 잘라 버리려 한 이 사건을 '105인 사건'이라고 해.

김구는 온갖 고문 끝에 15년 형을 받아 서대문 형무소에 갇혔어. 하지만 김구와 동지들은 조금도 굽히지 않고 투쟁 의지를 불태웠어. 그는 동지들에게 피해를 주지 않고 모든 고통을 혼자서 감당하려고 애썼어. 그리고 이런 생각을 했어.

'대한의 평범한 백성들도 나만큼 독립 의지를 가져야 우리가 독립을 할 수 있을 것이다.'

이런 뜻으로 스스로 호를 백범(白凡)으로 지었어.

감옥살이를 하면서 김구는 한 가지 소원을 세웠어.

"우리나라가 해방되면 나는 독립 정부의 문지기나 청소부라도 하면 좋겠다."

이렇게 기도하던 김구는 감옥에서 나오면 어떻게 독립운동을 할까 고민했어. 다행히 김구는 감형되어 4년 만인 1915년에 석방되었어.

그 후 김구는 안신 학교 교사인 아내와 함께 학교 일을 돌보며 다음 일을 계획했어. 그러다 3·1 운동이 일어나 만세 함성이 울려 퍼지자 곧장 동지들과 상하이로 건너갔어. 평화적인 만세 운동만으로 독립이 안 될 걸 깨달은 독립운동가들이 상하이에서 모인 거지. 그리하여 많은 논의 끝에 1919년 4월 상하이에서 대한민국 임시 정부가 탄생했고, 9월에는 여러 임시 정부를 하나로 통합한 임시 정부가 출범했지.

임시 정부의 초대 대통령은 이승만, 국무총리는 이동휘였어. 안창호, 신규식, 김규식, 이런 민족 지도자들이 장관급 직책을 맡고, 젊은 동지들은 차관급을 맡았지. 김구는 차관급보다 낮은 경무국장 직을 받았어. 안전을 책임지는 경찰 같은 역할이야. 그동안의 활약이나 나이를 보더라도 차관급 정도

는 말을 법했지만, 김구는 겸손하게 말했어.

"저는 우리 정부의 문지기만 되어도 좋겠습니다. 경무국장은 과분합니다."

김구는 진정으로 사양했거든. 그런데 낮은 직책이라 기분이 나빠 사양하는 걸로 오해한 내무총장 안창호는 임명장을 만들어 내밀면서 강다짐을 받았어.

"감옥 생활도 잘 알고 왜놈 사정에도 밝으니 맡아 주시오.

혁명기 때는 실력보다 정신에 따라 직책을 맡는 법입니다."
 임명장을 받은 김구는 충실하게 경무국장 일을 해 나갔어.
 처음에 임시 정부는 3·1 운동의 영향으로 국민의 뜨거운 지지를 받으며 출발했어. 하지만 기대와 달리 별 성과는 없었어. 지도자들의 생각이 저마다 다르고 파벌이 나뉘면서 힘이 차차 떨어져 갔어. 투쟁보다는 외교만을 중시하고 국민이 모아 보낸 자금을 함부로 사용하던 이승만 대통령이 탄핵되어 물러나는 사태까지 벌어졌지.
 임시 정부는 대통령제를 없애고 국무령이 통치하는 제도로 바꾸었으나 별 효과는 없었어. 비밀리에 자금을 보내 주던 국내 조직도 발각되어 해체되었지. 게다가 지도자들도 민족주의자와 공산주의자, 무정부주의자로 파벌이 나뉘자 일을 추진하기가 더 어렵게 된 거야.
 이에 실망한 몇몇은 임시 정부를 떠나 버리고, 국내로 돌아가 친일파가 된 사람도 있었지.
 이런 실정이니 누구도 국무령을 맡아 임시 정부의 명맥을 이어 가려 하지 않았어. 이럴 때 처음부터 꿋꿋하게 임시 정부를 지켜 온 의정원 의장 이동녕이 말했어.
 "아무래도 백범이 국무령을 맡아 주셔야겠소."

당시 내무총장이었던 김구는 크게 손사래를 쳤어.

"저는 출신도 보잘것없고 능력도 부족합니다. 제가 어떻게 그 자리를 감당하겠습니까. 어림없습니다."

이동녕은 물러서지 않았어.

"지금 세상에 출신은 문제될 게 없고, 당신의 열정과 능력이면 충분합니다. 어렵게 시작한 임시 정부를 무정부 상태로 놔둘 수는 없지 않겠습니까."

김구는 이동녕의 강력한 요청에 고개를 끄덕일 수밖에 없었어. 그렇게 하여 김구가 국무령을 맡아 임시 정부의 대표가 되니, 1926년이었어.

나의 소원은 대한의 완전한 자주 독립이오!

김구는 마치 다 쓰러져 가는 집과 같은 임시 정부를 간신히 끌고 나갔어. 동포들과 독립운동가들한테 독립 자금을 보내 달라는 편지를 써서 보내는 게 가장 중요한 일이었지. 하지만 좀처럼 답장도 없고 지원금도 오지 않았어. 임시 정부가 특별히 공을 세우는 게 없으니 희망을 버린 거야. 그래도 꾸준히 소식을 보내니 하와이, 멕시코, 쿠바의 동포들이 답장과 지원금을 보내 왔어. 특히 하와이에서 보낸 안창호의 답장은 큰 힘이 되었어.

당신이 정부를 지키고 있어 감사하오. 무슨 일을 하고 싶소. 우리 민족에게 크게 도움이 되는 일을 하려 한다면 자금을 마련해 보내겠소.

그 후 김구는 임시 정부의 존재를 드러내고 동포들에게 희망을 주는 일을 하려고 고민했어. 그때 한 청년이 찾아왔어. 김구가 함께 이야기하며 속마음을 알아보니 대단한 의지를 가진 청년이야.

"독립운동을 한다면서 왜 일본 천황을 죽일 생각을 못 합니까? 제가 일본에 있을 때 천황이 행차한다고 길가의 사람들을 다 엎드리게 했는데, 그때 폭탄만 있었다면 죽일 수 있을 것 같았습니다. 대한의 남아로서 이 정도는 하고 싶습니다."

이 청년이 바로 이봉창이야. 드디어 할 일과 적합한 인물을 찾은 김구는 하와이에 자금을 보내라고 연락했어.

자금이 도착하자 김구는 폭탄을 준비한 후 안중근의 동생 안공근의 집으로 갔어. 거기서 한인 애국단 1호가 된 이봉창은 선서식을 하고 사진관에 가서 기념사진을 찍었어. 죽음을 각오한 청년과 마지막 사진을 찍으려니 김구의 표정이 좋지 않았거든. 이봉창은 김구를 위로하듯 유쾌하게 말했어.

"저는 죽으러 가는 게 아니라 영원한 쾌락을 누리러 가니 기쁜 얼굴로 사진을 찍읍시다."

그길로 일본으로 건너간 이봉창은 기회를 엿보다가 드디어 날을 잡았어.

1932년 1월 8일, 일본 천황이 군대를 점검하기 위해 마차를 타고 나타났어. 이봉창은 과감하게 마차를 향해 폭탄을 던졌

어. 폭탄에 마차가 뒤집어지고 말이 쓰러졌지. 하지만 안타깝게도 그건 천황이 아닌 궁내 대신의 마차였어.

그것만 해도 일본이 발칵 뒤집히고 세계가 깜짝 놀랐지. 국내와 해외 동포들은 물론 중국인들까지 흥분하여 칭찬을 했어. 동포들은 임시 정부와 김구의 존재를 알아보고 독립 자금을 보내 오기 시작했어.

얼마 후, 또 한 청년이 조용히 김구를 찾아왔어.

"제가 지금은 훙커우에서 채소를 팔고 있습니다. 하지만 제가 상하이까지 온 건 큰 뜻을 이루고자 함입니다. 선생님께서 할 일을 지도해 주십시오."

이 청년이 바로 윤봉길이야. 그는 어려서부터 우리말을 못 하게 하는 일본에 대한 반감이 컸는데, 교육 운동을 하

다가 이봉창의 거사를 듣고 찾아온 거였어.

"마침 일본은 천황의 생일인 천장절을 맞아 상하이를 점령한 승전 기념식을 한다는군. 해 보겠는가?"

김구의 물음에 윤봉길은 추호의 망설임도 없이 대답했어.

"제가 드디어 죽을 자리를 찾은 듯합니다."

천장절 행사에는 물통과 도시락, 그리고 일본 국기만 들고 입장하도록 되어 있었거든. 김구는 동지들의 도움으로 물통과 도시락 형태의 폭탄을 만들었어.

준비가 끝나자 선서식을 하고 마지막 밤을 새웠어. 함께 아침을 먹고 일어서자 7시를 알리는 괘종시계가 울렸어.

"선생님, 제 시계는 얼마 전 6원을 주고 산 새것이고 선생님 것은 2원짜리이니, 제 시계와 바꾸시지요?"

시계를 바꾼 윤봉길은 남은 용돈마저 백범의 손에 쥐어 주고는 담담하게 웃었어. 이봉창에 이어 또 아까운 청년을 조국을 위해 떠나보내려니 김구는 목이 메었어.

"지하에서 만납시다."

4월 29일, 상하이 훙커우 공원에 지축을 뒤흔드는 폭발음이 울려 퍼졌어. 윤봉길이 던진 도시락 폭탄은 정확하게 단상 가운데 떨어졌어. 시라카와 대장을 비롯한 일본 장군들이 죽거나 크게 다치고 행사는 엉망이 되어 버렸지.

다시 한번 대한민국 임시 정부가 세상을 떠들썩하게 한 거야. 중국의 장제스 총통은 "우리 백만 대군이 못한 일을 대한의 청년이 혼자 해냈다."라며 칭찬했어. 그 후 김구와 임시 정부 지도자들은 쫓기는 신세가 되었지만, 중국 정부의 지원과 보호를 받게 되었어.

김구는 중국 곳곳으로 쫓겨 다니면서도 많은 일을 했어. 여러 갈래로 나뉜 독립군을 하나로 모으려고 노력했지. 장제스의 지원을 받아 군사 학교를 세우기도 하고, 광복군을 창설해 군사력도 점점 키웠어. 그리고 미군과 연합 작전으로 국내로 침투하려는 계획까지 세웠지.

아쉽게도 그 계획은 물거품이 되고 말았어. 1945년 8월, 원자 폭탄을 맞은 일본이 다급하게 항복해 버렸거든.

하지만 해방이 되었다고 우리가 자주적 주권을 찾은 것은 아니었어. 북위 38도에 선을 그어 한반도를 남북으로 나누고, 미군과 소련이 각각 점령한 거야.

김구는 해방 후 몇 달이 지난 11월에야 고국으로 돌아왔어. 그것도 대한민국의 정부 요원 자격이 아닌 개인 자격으로 들어왔지.

그럼에도 국민들은 김구와 임시 정부 지도자들을 뜨겁게 환영했어. 남한의 국민 대부분은 김구가 새 정부의 대통령이 되어 주길 기대했어. 물론 소련이 내세운 김일성이 주도하는 북한의 공산주의자들은 전혀 그럴 마음이 없었지. 미국을 등에 업은 남한의 이승만도 자신이 대통령이 되길 원했어. 그런 반면 김구는 권력에는 뜻이 없었어. 《백범일지》에 실린 '나의 소원'이란 김구의 글을 볼까.

"나의 소원은 우리나라 대한의 완전한 자주 독립이오!"
동포 여러분!
나 김구의 소원은 이것 하나밖에 없다. 내 과거의 칠십 평생을 이 소원을 위해 살아왔고, 현재에도 이 소원 때문에 살고 있고, 미래에도 나는 이 소원을 달하려고 살 것이다. 독립 없는 백성으로 칠십 평생에 설움과 부끄러움과 애탐을 받은 나에게는 세상에 가장 좋은 것이 완전하게 자주 독립한 나라의 백성으로 살아 보다가 죽는 일이다. ……

김구는 갈라진 조국을 하나로 통일시키기 위해 남과 북을 오가며 권력자들을 만나 설득했어. 독립을 위해 살아온 삶을 통일을 위해 바치려는 각오였지.
그러나 이승만과 김일성은 통일을 거절했어. 물론 그건 미국과 소련의 뜻에 따른 결정이었지. 그래서 남북한이 따로 선거를 해서 각각 정부를 세우고 말았어. 이 일에 반대하며 끝까지 통일 조국을 소원하던 김구는 1949년에 죽임을 당하고 말았단다.
남한의 온 국민이 부모를 잃은 듯 슬퍼하며 장례를 치렀지. 그리고 딱 1년이 지난 때에 6·25 전쟁이 터져서 남북은 완전히 적이 되었고 씻을 수 없는 상처를 남기게 된 거야.

백범 김구가 바라던 나라는 어떤 나라일까? 그의 소원은 오늘날 우리의 소원으로도 조금도 부족함이 없어. '나의 소원' 한 단락을 살펴보면서 그 뜻을 깊이 새겨 보면 좋겠어.

> 나는 우리나라가 세계에서 가장 아름다운 나라가 되기를 원한다. 가장 부강한 나라가 되기를 원하는 것은 아니다. 남의 침략에 가슴이 아팠으니, 내 나라가 남을 침략하는 것을 원치 아니한다.
>
> ……
>
> 인류의 이 정신을 배양하는 것은 오직 문화이다. 나는 우리나라가 남의 나라를 모방하는 나라가 되지 말고, 이러한 높고 새로운 문화의 근원이 되고, 목표가 되고, 모범이 되기를 원한다. 그래서 세계의 진정한 평화가 우리나라에서, 우리나라로 말미암아서 세계에 실현되기를 원한다.
>
> 홍익인간이라는 우리 국조 단군의 이상이 이것이라고 믿는다.
>
> ……

누구일까? 일제 강점기의 아동 문학가

1899년 ~ 1931년

어떤 일을 했을까?
어린이 문화 운동 단체인 '색동회' 등을 조직하여 어린이 운동을 이끌고, 어린이날을 만듦

일제 암흑기를 밝힌 어린이들의 태양
방정환

꿈 많은 소년, 손병희의 사위가 되다

서울의 어느 집에 아이들이 잔뜩 몰려들었어. 이미 밤인데 서로 머리를 밀치면서 좁은 마당으로 밀려드는 거야.

"여기서 뭐 하는데?"

지나가던 어른들도 궁금해서 빼꼼 들여다보았어.

"환등기 보려고요. 돈 내야 돼요."

아이들이 마당에 가득 차자 불빛 한 줄기가 담벼락 쪽을 비추더니 커다란 사진이 나타났어. 화면은 미국의 높다란 빌딩 숲을 보여 주었어. 그러자 한 아이가 화면 옆에서 주저리주저리 설명을 시작했어.

"이 나라는 하늘에 닿을 듯이 높은 집들이 솟아서 구름이

창문 옆으로 둥실둥실 떠가고, 새들이 날아가다가 창문으로 들어와 지지배배 인사를 한답니다."

　아이는 무성 영화의 변사처럼 화면을 재미있게 설명했어. 뛰어난 동화 구연가가 될 소질을 가진 이 아이가 바로 방정환이야. 그의 재주를 알아본 어느 미술가가 환등기를 선물로 주었는데 그걸로 공연을 한 거야.

　방정환은 1899년 11월에 서울에서 태어났어. 아주 어릴 땐 큰 부자여서 남부러운 것 모르고 자랐지. 할아버지와 아버지가 쌀가게를 크게 했고, 큰 기와집 두 채를 담을 터서 대가족이 모여 살 정도였대. 방정환은 맘씨도 좋아서 언제나 친구들을 몰고 다니면서 호떡이나 엿을 척척 사 주었어.

그런데 9살 무렵 집안의 사업이 폭삭 망해서 끼니를 제대로 못 먹을 정도가 되고 말았지 뭐야. 그때부터 친척 집에 양식을 꾸러 다니는 게 어린 방정환의 중요한 일이었대.

하지만 방정환은 기죽지 않고 열심히 공부하며 활발하게 지냈어. 그는 열 살 때 '소년 입지회'에서 활동했는데, 아이들 토론 모임이었어.

"손이 중요할까, 발이 중요할까?"

"물과 불 가운데 어느 것이 더 좋을까?"

이런 주제를 놓고 아이들끼리 토론을 하는 거야. 지도 교사도 없이 조그만 칠판 하나 들고 친구들 집을 옮겨 다니며 나름 진지하게 주장들을 펼쳤어. 서너 살씩 많은 친구들을 주도하는 이는 가장 어린 방정환이었어. 그 정도로 방정환은 말하기를 좋아했고, 또 뛰어난 이야기꾼이었어.

집안은 여전히 가난해서 방정환은 학교를 다니다가 그만두기도 했어. 그러다가 할아버지와 아버지의 권유로 선린 상업 학교에 입학했어. 장사를 배워서 장차 집안을 일으키라는 뜻이었지.

하지만 방정환은 그 무렵부터 글쓰기에 관심이 생겼어. 최남선이 발행하던 《소년》과 《아이들보이》, 《붉은저고리》 같은 잡지를 밤을 새며 읽었어. 그러면서 작가가 될 꿈도 키우고, 잡지를 직접 만들고 싶다는 희망도 품었지. 그러던 방정환은 결심했어.

"아버지, 저는 장사에 재능도 없고 취미도 없습니다. 괜히 시간 낭비만 하느니 상업 학교를 그만두고 취직해서 돈을 벌겠습니다."

아버지와 담임 선생님이 말렸지만 그의 고집을 꺾지 못했어. 학교를 그만둔 방정환은 총독부의 토지 조사국에 사자생으로 취직했어. 정식 직원은 아니고 문서를 베끼는 아르바이트 같은 거였지.

얼마간 그 일을 하다가 그만둔 방정환은 더욱 열심히 잡지를 읽고 글을 썼어. 그렇게 완성한 원고를 《청춘》이란 잡지에 보내기도 했대.

방정환은 천도교 일도 열심히 했어. 주말이면 천도교 교당으로 나가서 교리를 공부하고 청년회 모임을 주도했어.

이런 방정환을 유심히 본 사람이 권병덕이란 천도교의 높은 어른이었어. 그가 방정환을 천도교 교주 손병희의 사윗감으로 추천한 거야.

"방정환이란 젊은이가 아주 건실하고 민족정신도 투철합니다. 셋째 딸의 짝으로 적당해 보이니 한번 만나 보시지요."

평소 권병덕을 굳게 믿던 손병희는 고개를 끄덕였어.

"안 그래도 용화의 배필을 알아보려던 참이니 그 청년을 한번 데리고 와 보세요."

이리하여 방정환은 영문도 모른 채 손병희의 집으로 갔어. 그저 '인사나 시키려나 보다.' 하며 따라간 거야. 방정환은 담담하게 인사를 드렸어.

"고개를 들고 내 눈을 똑바로 보게."

방정환이 고개를 들자 손병희는 방정환의 눈을 뚫어지게 바라보았어. 몸은 비쩍 말랐고 옷차림도 초라했지만 눈동자만큼은 별처럼 빛났지.

"됐네. 그만 나가 보게."

여전히 방정환은 영문을 모른 채 나왔지. 손병희는 즉시 천도교 신도인 방정환의 아버지를 만나 혼인을 약속받았어. 손병희의 집안 사람들은 방정환이 너무 야위고 집안도 볼품없다고 반대했지만 손병희는 흔들리지 않았어. 방정환의 태도와 눈빛에서 꿈과 열정을 보았던 거야.

1917년 4월, 열아홉 살 방정환은 손용화와 혼인을 하고는 처가에서 살았어. 가난해서 학교도 못 다니던 방정환의 삶은 완전히 달라졌지.

그 후 방정환은 활발한 활동을 펼쳤어. 1918년부터 보성 전문학교에 다니면서 천도교 내에 경성 청년 구락부라는 모임을 만들어 독립운동을 시작했지. 그런데 이 무렵부터 방정환은 살이 찌기 시작했거든. 아마도 그게 빼빼 마른 사위가 안쓰러워 장모가 보약과 고기를 많이 해 먹였기 때문일 거래.

그 이듬해 3·1 운동이 일어났는데, 그때 방정환은 무얼 했을까?

3·1 운동은 천도교가 없었다면 일으키기 어려웠을 거야. 천도교가 참여 인원도 가장 많았고, 자금도 많이 댔고, 보성사라는 천도교의 인쇄소에서 선언서를 인쇄했거든.

보성사는 만세 운동 소식을 전하기 위해 3월 1일에 〈조선독립신문〉을 발행했어. 방정환은 이 신문 발행에 참여했고, 신문과 선언서를 나누어 주는 일도 맡았어.

〈조선독립신문〉은 창간호를 발행하자마자 사장이 잡혀가

고, 보성사는 불태워지고 말았어. 하지만 신문은 계속 발행되어 전국으로 퍼지는 만세 운동 소식과 일본의 악랄한 진압을 널리 알렸어. 뜻있는 사람들이 몰래 계속 발행한 거야.

일제는 눈에 불을 켜고 신문 발행인들을 잡아 가두었어. 더 이상 신문을 발행할 수 없게 되자 방정환은 친한 학생들과 동료들에게 말했어.

"민족 대표 어른들이 다 잡혀가고, 인쇄소와 신문사 사장도 잡혀갔다. 하지만 이대로 멈출 수는 없어. 인쇄기는 없지만 손으로 등사기를 밀어서라도 신문을 계속 만들자."

학생들은 기꺼이 기사를 써 왔고, 방정환과 동료들은 밤새 신문을 만들어 뿌렸어. 그런 어느 날, 냄새를 맡은 일본 경찰이 집을 에워쌌어.

"큰일 났네. 지금 일본 경찰들이 집을 완전히 포위했어. 곧 밀고 들어올 거야. 어떻게 하지?"

망을 보던 친구가 겁을 먹고 바깥을 가리켰어. 그 말이 끝나자마자 방정환은 즉시 등사기와 남은 신문들을 보따리에 싸서는 마당 뒤 우물에 던져 넣었어.

일본 경찰이 눈이 벌게져서 찾아다니던 방정환을 가만둘 리 없잖아.

"방정환은 손병희의 사위이니 틀림없이 독립 선언서나 신문 발행과 관계가 깊을 것이다. 고문을 해서라도 자백을 받아 내라."

경찰은 일주일 동안이나 방정환을 고문하고 협박했지. 하지만 방정환은 아무 말도 하지 않았어. 증거가 될 만한 건 우물 속에 처넣었으니까 시치미를 뚝 뗐지. 결국 자백도 못 받고 증거도 없으니 풀어 줄 수밖에 없었어. 하지만 그 이후로 항상 경찰이 그림자처럼 따라붙어 감시하기 시작했어.

어린이날과 잡지 《어린이》를 만들다

국내 활동이 어려워진 방정환은 일본으로 유학을 갔어. 도쿄 대학 철학과에 특별 청강생으로 다니며 아동 문학과 아동 심리학을 공부했지. 그동안 많은 선각자들이 젊은이를 교육시키는 데 집중했는데, 방정환은 청년보다는 아이들에게 관심을 쏟기 시작한 거야.

"아이들이야말로 우리의 미래이고 희망이다. 또한 가장 맑고 깨끗한 하느님의 본성을 가장 많이 갖고 있다. 그 아름다운 본성을 더럽히지 않고 잘 키우는 것이 세상 어떤 일보다 중요하다."

천도교에서는 '사람이 하늘이다'라고 가르쳤는데, 특히 아이들을 하느님처럼 대해야 한다고 강조했거든. 그런데 어떻게 대해야 할지 구체적인 방법을 찾기란 쉽지 않아. 방정환은 그 방법을 먼저 문학에서 찾고자 했어.

그는 〈어린이 노래: 불 켜는 이〉라는 시를 지어서 천도교에서 펴내는 잡지 《개벽》에 발표했어. 이때 공식적으로 처음 어린이라는 말을 사용했단다. 그 전까지는 아이들을 낮게 취급해서 '아이, 애놈, 애새끼' 등으로 불렀거든. 게다가 아이들은 아직 덜 된 사람 취급을 받았고, 작은 노동자로 취급했어.

하지만 방정환은 아이들은 보호받아야 하고 젊은이, 늙은이처럼 존중해 주는 말이 필요하다고 생각했던 거야.

방정환은 이 무렵부터 소파(小波)라는 호를 사용했는데, 소파란 '작은 물결'이란 뜻이야. 잔잔한 물결처럼 어린이에 대한 인식을 바꾸겠다는 뜻이라고 해.

조국의 어린이들에게 무엇을 해 줄까 고민하던 방정환은 서점에서 다음 할 일을 찾았어.

"와, 여기는 아이들을 위한 동화책이 많구나. 우리 어린이들한테도 이런 책을 만들어 줘야겠다."

일본에는 그때 이미 서양의 동화들을 번역해서 내놓은 책이 많았어. 방정환은 그 책들을 읽고 감동적인 작품 10편을 골라 번역해서 읽기 쉽도록 꾸몄어. 어린이들에게 선물로 줄 생각으로 책 제목을 《사랑의 선물》이라고 붙였지.

그 원고를 들고 귀국한 방정환은 1922년에 개벽사에서 《사랑의 선물》을 출간했는데,

우리나라 최초의 동화책이야. 그 책에는 〈산드룡의 유리 구두(신데렐라)〉, 〈잠자는 왕녀(잠자는 숲속의 공주)〉, 〈행복한 왕자〉 같은 서양의 유명 동화들이 실려 있었어. 그때까지 우리나라에서는 듣지도 보지도 못한 이야기들이었지.

이때 방정환이 급히 돌아온 또 다른 이유는 장인 손병희의 죽음 때문이었어. 3·1 운동 대표로 감옥살이를 하던 손병희는 병이 깊어 풀려났는데, 회복을 못 하고 숨을 거둔 거야. 자신의 든든한 후원자이자 존경하는 스승을 잃은 방정환은 굳게 다짐했지.

'하늘과 스승님의 뜻을 받들어 제가 맡은 일을 더욱 열심히 하겠습니다!'

장인의 장례를 치르고 다시 일본으로 건너간 방정환은 다음 계획을 짰어. 유학생 가운데 마음이 통하는 친구들을 불러 모아 식사를 대접하고는 말했어.

"교육이란 100년 앞을 내다보고 해야 한다고 하지 않나. 미래의 희망인 우리 어린 새싹들을 잘 키우기 위한 모임을 만들고 싶은데 어떤가?"

대부분 문학, 교육, 철학, 예술을 공부하던 친구들이라 좋다고 했어.

"그렇다면 모임 이름이 있어야 할 텐데. 어린이와 잘 어울리는 걸로 말이야."

방정환의 말에 음악을 공부하는 윤극영이 제안했어.

"색동회가 어떤가? 아이가 태어나면 백일, 돌잔치 등을 거치는데, 이때 색동저고리를 입지 않나."

방정환이 손뼉을 치면서 찬성하자 모두들 따라서 손뼉을 쳤어.

이렇게 해서 색동회가 탄생하여 오늘날까지 어린이 문화 운동을 이끌고 있단다. 이름을 제안한 윤극영은 우리나라 최초의 창작 동요인 〈반달〉과 〈고드름〉, 〈따오기〉 같은 노래를 지었어. 뒤늦게 참여한 윤석중도 많은 동화와 동요를 지어 색동회의 활동을 크게 빛냈지. 그리고 마해송, 고한승 등 많은 동화 작가들도 참여해 색동회는 큰 힘을 갖게 되었어.

"우리나라 어린이들은 대체로 가난해서 어려서부터 많은 노동에 시달리고 제대로 배우지도 못하지 않는가. 외국에서는 메이데이(5월 1일)를 정해서 노동자들을 쉬게 하고 격려한다는데, 우리 어린이들한테도 그런 날을 만들어 주면 어떻겠는가?"

방정환의 이런 제의에 색동회 회원들은 기꺼이 찬성했어.

"좋아. 어린이날을 만들어 그날 하루만이라도 아이들을 우대하고 노동에서 해방시키고 잔치를 열어 주면 참 좋겠네."

이렇게 하여 어린이날이 탄생하게 된 거야.

고국으로 돌아온 방정환은 첫 번째 어린이날 행사를 1923년 5월 1일에 하기로 했어. 천도교 교당에 어린이들을 초대해서 잔치를 열어 줄 생각이었지. 그날의 감격을 방정환은 〈사월 그믐날 밤〉이란 동화에 아주 아름답게 표현해 놓았어.

사람들이 모두 잠자는 밤중이었습니다.

절간에서 밤에 치는 종소리도 그친 지 오래된 깊은 밤이었습니다. 깊은 하늘에 반짝이는 별밖에 아무 소리도 없는 고요한 밤중이었습니다.

이렇게 밤이 깊은 때 잠자지 않고 마당에 나서 있기는 나 하나밖에 없는 것 같았습니다. 참말 내가 알기에는 나 하나밖에 자지 않는 사람이 없었습니다.

처음 어린이날이 생기는 설렘과 기대에 잠을 설치는 지은이의 마음이 느껴지지? 사실 청년들을 교육시켜 독립군으로 만들어야지 무슨 어린 애들이랑 독립운동을 하느냐고 빈

정거리는 사람이 훨씬 많았거든. 그런 한밤중 같은 사람들 가운데 자신만 별처럼 눈을 뜨고 있다는 거야. 그리고 혼자 새날을 준비하는데, 이 동화에서는 꽃과 새와 나비들이 함께 준비를 해. 동화의 마지막 문장을 보렴.

오월 초하루는 참말 새 세상이 열리는 첫날이었습니다.

이렇게 시작한 어린이날은 처음에 5월 1일로 했다가, 5월 첫째 일요일로 바뀌었고, 해방 후에는

5월 5일로 확정했단다. 그리고 1954년에는 유엔에서 11월 20일을 세계 어린이날로 정했어. 그리고 나라마다 날짜는 다르지만 차차 어린이날을 기념하고 잔칫날로 삼게 되었으니 새 세상이 열린 게 맞지.
 방정환은 어린이날 행사를 위해 포스터를 만들고, '어른에게 드리는 글'과 '어린 동무들에게'라는 글도 만들어 나누어 주었어. 모두 어린이를 존중하고 다정하게 대하며 어린이끼리도 서로 존중하고 바른 몸가짐을 하자는 내용이었지. 그리고 그날이 되면 준비한 음악회, 연극, 동화 구연, 운동회 등 풍성한 행사를 하고는 기념품을 주곤 했어.

또 한 가지 중요한 일은 문예 잡지 《어린이》를 만든 거였어. 그 창간사를 보면 어린이에 대한 방정환의 생각이 오롯이 드러나.

새와 같이 꽃과 같이 앵두 같은 어린 입술로, 천진난만하게 부르는 노래, 그것은 그대로 자연의 소리이며, 그대로 하늘의 소리입니다.
비둘기와 같이 토끼와 같이 부드러운 머리를 바람에 날리면서 뛰노는 모양 그대로가 자연의 자태이고 그대로가 하늘의 그림자입니다. 거기에는 어른의 욕심도 있지 아니하고 욕심스런 계획도 있지 아니합니다.
죄 없고 허물 없는 평화롭고 자유로운 하늘 나라! 그것은 우리 어린이의 나라입니다.

1923년에 만든 《어린이》는 처음엔 얼마 찍지 못했는데, 곧 엄청난 인기가 생겨 무려 10만 부씩 찍게 되었어. 당시 가장 많이 찍는 신문도 5만 부 정도였는데, 월간지가 10만 부라니! 오늘날에도 그런 잡지는 찾기 힘들어. 당시에 아이들 볼거리가 없는 참에 불티나게 팔린 거지.

이 잡지를 통해서 마해송이 우리나라 최초의 창작 동화 〈바위나리와 아기별〉을 발표하고, 이원수도 동요 〈고향의 봄〉을 발표해 많은 인기를 끌었어. 《어린이》 잡지 덕분에 어린이라는 말이 방방곡곡 퍼져서 정착하게 되었지.

방정환은 《어린이》에 많은 동화와 이야기를 발표했어. 〈만년샤쓰〉라는 동화도 발표하고, 동시와 동요도 실었지. 장편 동화 〈칠칠단의 비밀〉은 인기가 높아 훗날 만화 영화로 만들기까지 했어.

방정환은 여러 가지 일을 했지만 가장 잘하는 일은 동화 구연이었어. 방정환이 이야기를 들려주면 대부분 감동하여 눈물바다를 이루곤 했어. 심지어 감옥살이를 할 때는 감옥의 죄수들과 간수들까지 이야기에 푹 빠져 지냈고, 감시자로 따라다니던 일본 경찰조차 이야기를 듣다가 눈물을 흘리기도 했대.

글 쓰고, 여러 가지 잡지 만들고, 동화 구연하고, 다양한 행사를 치르고, 이렇게 열심히 일하던 방정환은 33세 아까운 나이에 세상을 떠나고 말았어.

 일본의 감시와 책과 작품에 대한 검열로 인한 스트레스와 여러 가지 일이 겹쳐 과로로 숨을 거둔 거야.

 어쩌면 그는 정말 죽은 게 아니라 하늘에서 보낸 마차를 타고 하늘 나라로 간 건지도 몰라. 여러 사람이 그의 죽음을 지켜보았는데, 그 모습이 마치 동화 같아. 1931년 7월 23일, 병상에 누운 방정환은 동료들에게 이렇게 말했어.

 "어린이를 두고 가니 잘 부탁하오."

 동료들이 슬퍼하자 방정환은 오히려 동료들을 다독이면서

작별 인사를 하는 거야.

"여보게, 밖에 검정 말이 끄는 마차가 와서 검정 옷을 입은 마부가 기다리네. 내 가방을 내다 주게."

이러고는 스르르 눈을 감았대.

일제 강점기 그 어두운 시절에 어린이 문화 운동을 펼친 소파 방정환은 희망의 빛이었어. 방정환의 묘소는 서울 망우리 공원 묘원에 있는데, 지금도 어린이날이 되면 많은 아동 문학가들이 모여서 기념하곤 한단다.

주시경: 1876년 ~ 1914년 / 최현배: 1894년 ~ 1970년

누구일까? 한글학자이자 교육자

어떤 일을 했을까?
한글 연구에 힘쓰며 국어학을 발달시키는 데 크게 이바지함

우리말과 우리글을 지킨 푸른 소나무
주시경과 최현배

글자가 중요합니까, 내용이 중요합니까?

서울의 어느 서당, 학동들이 훈장을 따라 글 읽는 소리가 요란했어.

"자왈(子曰), 학이시습지(學而時習之)면 불역열호(不亦說乎)라."

이렇게 따라 읽고 나서 훈장이 글자를 하나하나 지적해 물으면 아이들은 우물쭈물이야.

"요건 익힐 습(習)이고, 요건 기쁠 열(說)이다. 그새 잊었느냐?"

훈장이 야단을 치자 한 아이가 손을 들었어.

"뒷 글자는 말씀 설(說)이 아닌지요?"

훈장의 눈꼬리가 올라가며 아이를 크게 야단쳤어.

"이건 평소에는 말씀 설로 읽지만, 여기서는 기쁠 열이라고 하지 않았느냐. 이렇게 해야 뜻이 온전해지느니라. 누가 뜻을 풀이해 보겠느냐?"

풍채가 크고 눈이 서글서글한 아이가 손을 들었어.

"이번에도 상호뿐이구나. 그래, 뜻을 말해 보아라."

상호의 낭랑한 목소리가 터져 나왔어.

"공자께서 말씀하시기를, 배우고 때때로 익히면 또한 기쁘지 아니한가, 입니다."

"그래, 잘했다. 그런데 왜 배우는 게 기쁘겠느냐?"

상호는 크고 밝은 눈을 빛내며 대답했어.

"배우면 모르는 것을 알게 되고, 모르는 걸 알게 되면 새롭게 깨닫는 것이 생기니 기쁩니다."

훈장은 흐뭇한 표정으로 고개를 끄덕이다가 다른 아이들에게 쏘아붙였어.

"다들 상호처럼 좀 열심히 하란 말이다. 글자에 토를 달아 줄 테니 달달 외도록 해라."

그러자 상호가 다시 손을 들고는 물었어.

"공부란 글자를 이해하기 위함입니까, 내용을 이해하기 위함입니까?"

훈장이 어리둥절한 표정을 지었다가 대답했어.

"물론 내용을 이해하기 위함이다."

"글자가 중요합니까, 내용이 중요합니까?"

"그거야 내용이 중요하지. 글자는 그릇에 불과하다. 하지만 글자를 알아야 내용을 이해하지 않겠느냐?"

상호가 뭔가 깨달은 듯 고개를 한 번 끄덕이고는 말했어.

"그렇다면 먼저 언문으로 내용을 이해하면 공부가 훨씬 쉽지 않겠습니까?"

잠시 어리둥절한 표정을 짓던 훈장이 버럭 고함을 질렀어.

"성현의 말씀을 진서(한문의 다른 말)로 하지 않고 천한 언문으로 하란 말이냐! 언문은 깊이가 없어 큰 공부를 할 수 없느니라."

훈장은 상세한 설명 없이 한자를 하나하나 외라고 아이들을 닦달했어.

'글자를 외우고 이해하기도 벅찬 아이들이 많은데 언제 깊은 뜻을 헤아린담?'

상호는 고개를 갸웃거리면서도 훈장의 가르침대로 열심히 공부했어. 바로 이 아이가 한글이란 이름을 짓고 그 연구의 불씨를 당긴 주시경이야. 얼마 뒤 그는 우리말 연구에 일생을 바치기로 결심하고는 '늘 책을 읽는다'라는 뜻으로 이름을 시경으로 바꾸었대.

주시경은 1876년 황해도에서 태어났어. 아버지에게 한문을 배우다가 서울에서 장사를 하는 큰아버지 댁에 양자로 들어갔지.

주시경의 조상은 바로 조선에 서원을 처음 지어 유학의 산실이 되게 만들었던 주세붕이야. 그 내력 덕분인지 주시경은 학문에 대한 열정이 뜨거웠어. 언어학에 소질이 있었고, 특히 우리글에 대한 애정이 많았어. 누가 가르쳐 주지 않았는데도 스스로 우리말의 문법을 깨달을 정도였어.

주시경은 댕기머리를 싹뚝 자르고는 신학문을 배우려고 배재 학당에 들어갔어. 여기서 아주 좋은 스승을 만났는데, 바로 서재필이었어.

서재필은 갑신정변에 참여했다가 실패하고는 일본을 거쳐 미국으로 망명했거든. 그런데 갑오개혁으로 나라에 큰 변화가 일자 조국으로 돌아온 거야. 그는 미국에서 대학까지 나와서 의사가 되었는데, 배재 학당에서 영어와 지리학을 가르치고 있었어.

수업을 마친 어느 날 주시경이 서재필에게 물었어.

"서양 글은 단어별로 띄어쓰기를 해서 편한데, 한문과 국문은 왜 띄어쓰기를 하지 않는 것입니까?"

서재필은 문득 할 말을 잊었다가 이렇게 대답했어.

"뭐, 크게 이유가 있겠나. 오래 그렇게 쓰다 관습으로 굳어진 것이지."

"우리글도 띄어쓰기를 하면 이해하기도 쉽고 편하지 않을까요?"

"그거 좋은 생각이네. 그런데 자네 나를 좀 도와주지 않겠나?"

주시경은 귀가 솔깃하여 물었어.

"무슨 일입니까?"

"신문을 만들려고 하네. 한자를 뺀 순 우리글로 말이야."

"우리글로 신문을 만든다고요? 그러면 국문을 전국으로 알릴 수 있겠네요!"

흥분한 주시경의 눈이 기대감으로 반짝반짝 빛났지.

"그래. 함께 신문을 만들고 자네가 국문 교열을 봐 주면 좋겠어."

이렇게 해서 만든 게 바로 1896년 창간된 〈독립신문〉이야.

서재필은 〈독립신문〉 창간호에서 국문을 사용한 이유를 이렇게 설명했어.

국문이 한문보다 얼마나 나은가 하면 첫째, 배우기 쉬우니 좋고 둘째, 조선 글이니 상하 귀천이 모두 알아보기 쉽다. 그동안 사람들이 한문을 늘 써 버릇하고 국문은 외면한 탓에 국민이 국문으로 쓴 글을 도리어 알아보지 못하고 한문만 알아보니 참으로 한심한 일이다.

〈독립신문〉은 총 4면으로 발행되었는데, 3면은 국문판이고 1면은 영어판이었어. 국문판은 주시경이 주로 글을 다듬고, 영문판은 헐버트라는 미국인이 도움을 주었지.

헐버트는 우리나라에 대한 애정이 정말 대단했어. 그는 고종의 부탁을 받은 미국

공사관이 추천한 교사였어.
우리나라 최초의 근대식
학교인 육영 공원에서
근무하려고 왔는데,
한글을 알게 된 그는 깜짝
놀라 이렇게 말했어.
"앞으로 조선은 이 글자로 인해 크게
발전할 것이다. 훈민정음은 세계에서
가장 완벽한 인류 최고의
발명품이다!"

그는 우리글을 연구해 논문을 발표한 최초의 서양 학자야. 1889년에 헐버트가 육영 공원에서 사용할 《사민필지》라는 지리 교과서를 만들었는데, 최초의 우리글 교과서야. 주시경도 헐버트를 스승 삼아 우리글을 배울 정도였다니 참 대단하지. 독립운동을 돕던 헐버트는 미국으로 돌아갔다가 해방이 된 후에 돌아와 우리 땅에 묻힐 정도로 한국을 사랑했대.

주보따리, 우리 글자의 새 이름 '한글'을 짓다

〈독립신문〉을 창간한 그해 주시경은 결혼을 했어. 훗날 그는 3남 2녀를 낳았는데, 아이들의 이름을 순우리말로 지었대. 첫째는 솔메, 둘째는 세메, 그리고 힌메, 봄메, 임메였어. 자신의 호 백천(白泉)도 한힌샘으로 고쳤고. 그러니 우리글의 새 이름도 구상해 봤겠지.

1911년, 일요일인데도 보성 중학교 교실은 열려 있었어. 학교 정규 수업 시간이 아니라 조선어 강습원이 문을 연 거야. 교실에는 주시경의 큰 목소리가 울려 퍼지고 있었지. 평소에는 조용하고 따뜻한 말투인데 그날은 근엄하고 자못 흥분한 듯했어.

"말과 글은 그 민족의 넋이다. 나라를 뺏겨도 말과 글을 지킨다면 반드시 뺏긴 나라를 되찾을 수 있다. 알겠는가?"

교실에는 눈이 초롱초롱한 어린 학생부터 건장한 청년들까지 뒤섞여 있었어. 주시경이 지은 《국어문법》이라는 교재를 책상 위에 펼쳐 둔 학생들은 귀를 쫑긋 세웠어. 그중 경성 고등 보통학교 학생 최현배는 떨리는 가슴을 억누르며 주시경의 눈빛과 표정을 하나도 놓치지 않으려는 듯 두 눈을 부릅떴어.

"세종 대왕께서 훈민정음을 창제하신 이후 우리글은 늘 천대받았다. 반글, 암글, 언문으로 낮추어 부르고 한자만 진서라고 높여 불렀다. 그러다 대한 제국에 이르러 황제께서 국문으로 부르도록 하셨지만, 저 강도 일본은 나라의 주권을 뺏고는 나라 이름마저 조선으로 되돌렸다. 그러고는 국문은 일본어가 되고 우리글은 여느 외국어처럼 조선어로 부르라니, 이게 말이 되는가?"

학생들 중 누군가가 책상을 쾅 내리치며 소리를 질렀어.

"천만부당합니다!"

"그래서 나는 우리글의 새로운 이름을 만들어 보았다."

주시경이 눈에 잔뜩 힘을 준 채 학생들을 주르륵 훑어보자,

학생들은 침을 꼴깍 삼키며 다음 말을 기다렸어.

"그게 뭡니까?"

침묵을 지키던 주시경의 입이 열리며 처음 듣는 묵직한 단어가 흘러나왔어. 큰 바위가 쿵 떨어져 교실을 진동시키는 느낌이었지.

"한! 글!"

누군가 조급하게 물었어.

"그게 무슨 뜻입니까?"

주시경은 학생들을 훑어본 다음 설명을 이어 갔어.

"우리는 예로부터 한민족으로 불렸다. 한이란 '크다', '높다', '으뜸'이라는 뜻이다. 저 삼국 시대 이전에 이미 삼한이

있었고, 대한 제국이란 나라 이름도 거기서 따왔다. 따라서 한글은 한민족의 글이요 대한의 글이며 세계에서 으뜸간다는 뜻이다. 우리글의 새 이름으로 한글이 어떠한가?"

누군가 손뼉을 치자 다들 흥분을 감추지 못한 표정으로 손뼉을 쳤어.

"멋집니다!"

"최고예요!"

최현배도 손뼉을 치며 결심을 했어.

'저런 스승님과 한글을 위해서라면 내 평생을 바쳐도 기쁘겠다!'

주시경은 서울 곳곳에 조선어 강습소를 만들고는 한글이라는 이름을 널리 알렸어. 그 소문이 나서 부산이나 평양에서도 강의 초청이 올 정도였지. 우리글을 가르치는 일이라면 주시경은 천 리도 멀다 않고 달려갔어. 늘 큰 보자기에 교재를 잔뜩 싸 들고 다녀서 별명이 '주보따리'였대.

역사학자이자 독립운동가인 박은식과 그의 제자 최남선이 조선광문회를 만들었거든. 우리 고전과 역사책을 펴내는 일을 하는 단체야. 조선광문회에서 주시경은 우리글 관련 책을 교정하는 일을 했어.

그러면서 주시경은 최초의 국어사전을 펴내기 위해 제자들과 '말모이' 작업을 시작했어.

"이제 일본 말과 일본 글자가 중심이 되면서 우리말은 차차 사라지게 되었다. 우리가 그것을 지켜야 한다. 조선 팔도 곳곳에 퍼져 있는 모든 우리말을 모으자. 저 산골짝이나 바닷가의 사투리도 모으고, 시장터나 빨래터나 논밭에서 사용하는 말도 다 모아 오거라."

전국의 교사들과 어린 학생들까지 편지로 말모이 작업에 참여했어. 우리말을 모두 모아서 사전을 펴내려는 준비 작업이었지.

주시경을 만난 최현배는 말모이 작업에 열심히 참여했어. 강습회에 나오기 시작한 이후로 한 번도 빠지지 않아 모두 '한글에 미친 학생'으로 부를 정도였대. 그런 보람이 있어 2년 만에 강습소를 졸업할 때는 1등으로 마쳤지.

하지만 주시경과의 인연은 그리 길지 않았어. 1914년 7월 어느 날, 주시경이 느닷없이 숨을 거두었지 뭐야. 일본의 감시가 심해지자 여러 동지들처럼 만주로 망명해 연구를 계속하려고 작정했는데, 갑작스럽게 세상을 떠난 거야.

주시경은 우리글의 이름을 새로 짓고, 문법의 기초를 닦아 놓고, 많은 새싹을 틔워 놓았어. 그러고는 39세, 한창 일할 나이에 하늘로 가 버려 모두를 안타깝게 만들었단다.

"선생님의 뜻은 저희들이 이어 가겠습니다."

김두봉, 최현배, 이극로 등 제자들은 장례를 치르고는 한마음으로 다짐했어.

한글이 목숨!

주시경이 세상을 떠나자 한글 연구에 힘이 떨어진 건 사실이야. 제자들은 아직 어린 편이라 공부도 더 해야 했고, 중심이 무너지자 학자들도 각자 따로 연구와 활동을 했거든.

주시경의 제자 가운데 김두봉은 홀로 말모이 작업을 이어 갔어. 스승의 말모이 원고를 그가 갖고 있었거든. 그 자료를 바탕으로 연구를 더하여 1916년에 《조선말본》을 펴냈지. 그리고 3·1 운동에 참여했던 그는 일본 경찰에 쫓기게 되자 상하이로 망명을 했는데, 그때도 말모이 원고를 갖고 갈 정도였어.

김두봉은 임시 정부에 참여하면서도 한글 연구에 몰두해 《깁더조선말본》을 펴냈어. 책 제목에는 우리말을 더 깊게 더 많이 연구했다는 뜻이 담겨 있어.

이때 최현배는 일본으로 유학을 가서 언어학 공부를 했어. 그리고 다른 학자들도 공부를 더 하며 때를 기다렸지.

이런 와중에 한글 연구에 불을 지피고 합동 연구를 하도록 만든 건 조선 총독부였어. 그들이 10년간이나 연구해서 《조선어 사전》을 펴낸 거야. 물론 그건 완전한 사전이 아니라 일본인들이 조선어를 쉽게 공부하려고 만든 번역용 사전이었어. 우리나라 사람들이 일본어를 익히는 데도 도움이 되었겠지. 그게 다 식민 지배를 쉽게 하려는 수작이었어.

그렇다고 하더라도 일본에서 우리말 사전을 펴냈다는 건 우리 국민 모두에게 큰 충격이었어. 한글학자들은 이대로 있을 수 없다며 활동을 개시했어. 1921년 장지영, 권덕규, 이희승 등 주시경의 제자들을 중심으로 '조선어 연구회'를 만든 거야.

1926년에 유학에서 돌아온 최현배도 이 단체에 가입했어.

그리고 처음 한 일이 '가갸날' 만들기였어. 한글이 반포된 지 480년이 된 것을 기념한 사업이었지. 그 이듬해 연구 학회지 《한글》을 만들었고, 다시 그 이듬해 '가갸날'을 '한글날'로 이름을 바꾸어 오늘날까지 이어 온 거야.

또 한 가지 중요한 작업은 '한글 맞춤법 통일안' 만들기였어. 표준어를 정하고 표기법을 통일해서 글과 말을 정확하게 전달하기 위해서였지. 전국의 학자들과 교사들이 모여서 수많은 회의와 토론을 거쳐 표준어를 정했거든. 그때 아주 우스운 광경도 있었어.

"자, 강아지와 개새끼 중에 어떤 걸 표준어로 할까요? 먼저 강아지 손 드세요."

강아지를 표준어로 찬성하는 사람들이 손을 들었지.

"다음은 개새끼 손 드세요."

사람들은 웃음을 억지로 참으며 손을 들었어.

"아, 저기 뒤에 김 선생은 강아지입니까, 개새끼입니까?"

김 선생이란 사람이 큰 소리로 말했어.

"아, 저는 개새끼입니다!"

그러자 회의장은 웃음바다가 되었대.

이렇게 단어 하나를 정하는 데도 수많은 토론과 회의를 거쳤어. 그렇게 하여 1933년에 마침내 한글 맞춤법 통일안을 마련하게 된단다.

　최현배는 연희 전문 학교 교수를 하면서 우리말 강연과 연구에 모든 정열을 쏟았어. 1930년대 후반이 되자 일제는 학교에서 조선어를 선택 과목으로 바꿔 버렸어.

사실상 학교에서 조선어를 가르치지 않겠다는 뜻이었지. 최현배와 학회 동지들은 저녁 식사를 하며 걱정을 했지.

"우리말을 점점 말려서 죽이려는 수작이군."

"일본과 조선이 하나라고 우기면서 결국 우리보고 일본인이 되라는 거잖아. 이러다가 우리말을 쓴다고 잡아갈 날도 오겠군."

학자들이 이런 걱정을 하고 있을 때 가만히 듣고 있던 최현배는 그 식당의 방명록을 끌어당겨서는 뭔가를 적었어. 학자들이 다 돌아가고 난 다음에 주인이 방명록을 펼쳐 보니 커다란 글씨로 이렇게 적어 놓았지 뭐야.

'한글이 목숨!'

이렇게 늘 묵묵히 자신의 일을 해 나가던 최현배는 1937년에 《우리말본》을 펴냈어. 주시경에서 시작된 우리말 문법책이 김두봉을 거쳐 최현배에 이르러 완성된 거야. 이 책이 오늘날 국어 문법의 기초가 되었단다.

말모이, 《큰사전》으로 완성되다

한글학자들의 가장 큰 꿈은 주시경이 시작한 말모이였어.

이 작업을 이어 가는 데 앞장선 이는 이극로야. 독일 유학에서 돌아온 그는 사전의 중요성을 깨닫고는 동지들을 모았어. 최현배, 이윤재, 정희승 등 많은 학자들이 참여하여 '조선어 사전 편찬회'를 만들고는 일을 시작했어. 조선어 연구회도 이름을 조선어 학회로 바꾸었어. 이때 한글 가로쓰기 주장과 한글 전용 주장이 처음 나왔단다.

당시 조선어 학회의 학자들은 만주에서 일본군과 싸우는 독립군 못지않게 치열한 연구를 했어. 그래서 일본 경찰은 언제나 감시의 눈초리를 떼지 않았고, 걸핏하면 연구를 방해하곤 했지. 식민지 정책은 나날이 악랄해져서 학교에서 우리말을 못 쓰게 하고, 조선어 시간마저 없애 버렸어.

1940년이 되자 아예 이름마저 일본식으로 바꾸라고 강요했지. 하지만 조선어 학회 학자들은 이름을 바꾸지 않고 끝까지 버텼어. 그러자 결국 일제는 '조선어 학회' 사건을 조작하기에 이르렀어.

1942년 10월 1일 아침이야. 학교로 출근하려던 최현배는 느닷없이 체포되어 경찰서로 끌려갔어. 이극로, 정인승, 이윤재, 한징 등 이미 많은 조선어 학회 학자들이 붙들려 와 있었지. 《큰사전》을 펴내는 일을 하던 한 교사가 잡혔는데 그를 고문해 조선어 학회가 독립운동 단체라는 거짓 자백을 받아 낸 거야. 이를 꼬투리로 조선어 학회 학자들을 잡아간 거지. 일제는 한글학자들의 민족의식이 강해서 독립투사와 다름없다고 생각한 거야. 그래서 사전 편찬회를 비밀 독립운동 단체로 단정하고, 온갖 고문을 통해 거짓 자백을 받아 냈어. 이극로가 상하이로 가서 김두봉에게 말모이 원고를 받아 온 것도 임시 정부의 지시를 받은 독립운동이라고 우겨 댔지. 학자들이 아니라고 해 봤자 극심한 고문만 돌아왔어.

결국 조선어 학회의 주요 학자들은 모두 함흥의 감옥에 갇혔어. 이극로가 가장 긴 6년 형을 받고 최현배는 4년 형, 이희승을 비롯한 나머지 학자들은 2~3년 형을 받았지. 이 과정에서 평생 불구자가 된 사람도 있었고, 이윤재와 한징은 감옥살이 도중 고문 후유증으로 숨을 거두었어.

최현배는 감옥에서도 죄수들에게 한글을 가르치며 다시 한글 연구를 할 날만 고대하고 있었어. 심지어 감옥에서 연구한 것을 속옷에 적어 두었다가 가족이 면회를 오면 전해 주기도 했대.

그런 어느 날, 감옥의 병자들을 살피는 의무관이 펄쩍펄쩍 뛰면서 달려와 기쁜 소식을 전했어.

"선생님, 일본이 항복했습니다. 해방이 되었다고요!"

1945년 8월 15일 오후, 바로 그날이야. 그때까지 감옥에 남아 있던 이극로, 최현배, 이희승, 정인승은 서로 얼싸안고 덩실덩실 춤을 추었지.

그 후 서울에서 모인 한글학자들은 말모이 작업을 계속하자고 했어.

"주시경 선생님 때부터 30년간이나 모았던 자료를 왜놈들이 없애 버렸으니 어떻게 그 작업을 다시 하겠습니까."

"그러게요. 그걸 다시 하려면 10년은 걸릴 텐데."

학자들은 엄두를 내지 못하고 고개를 절레절레 흔들었어.

"왜놈들이 그걸 불태우지는 않았을 텐데, 잘 찾아봅시다. 재판 과정에서 증거로 쓴 것이니 어딘가 있을 겁니다."

학자들은 여기저기 수소문을 하고 원고가 있을 만한 곳을 샅샅이 뒤졌지만 발견되지 않았어. 실망한 학자들이 풀이 죽어 있을 때 사무실로 전화 한 통이 걸려 왔어.

"찾았습니다. 말모이 원고예요!"

"거기가 어딥니까?"

"운수 회사 창고랍니다. 주인 없는 화물로 처박혀 있는 걸

찾아냈어요."

사무실에서 서로 얼굴을 쳐다보던 학자들은 부둥켜안고 눈물을 흘렸어.

그 후에도 여러 연구와 작업 끝에 마침내 1957년에야 《큰사전》이 출간되었어. 본문만 무려 3672쪽이나 되고, 거기 실린 단어는 16만 4125개나 되었어. 주시경이 처음 시작한 말모이 작업이 47년 만에 결실을 본 거야. 그리고 훈민정음을 반포한 지 꼬박 510년 만에 비로소 우리말을 우리글로 해석한 사전이 완성된 거란다.

"이제 우리가 하늘에 가도 주시경 선생님을 뵐 면목이 서게 되었습니다."

"그렇습니다. 모두 큰 고생하셨습니다."

한글학자들은 박수로 서로를 칭찬하고 격려하면서 기쁨의 눈물을 흘렸어.

그 후에도 최현배는 한글 연구의 외길을 꾸준히 걸어갔어. 한글 기계화에도 앞장서서 6·25 전쟁 중에도 한글 타자기 경연 대회를 열기까지 했대. 또 문교부에서 편수국장을 맡았는데, 교과서를 새로 만드는 게 가장 중요한 일이었어. 이때 장관이 갑자기 죽고 차관이 장관이 되었거든. 그래서 새 장관이 최현배에게 차관이 되어 다음에 장관을 하라고 권했어. 그 말에 최현배는 버럭 성을 내며 이렇게 말했대.

"나는 학자로서 교과서를 만들려고 편수국장이 된 거지 장관이 되고 싶은 마음은 추호도 없습니다. 차관을 하라면 편수국장을 그만두겠습니다."

 이런 성격이었으니 외솔이라는 그의 호가 딱 걸맞지. 외솔이란 벼랑에 외롭게 선 소나무를 뜻하거든. 절개의 상징이 된 성삼문의 시를 보고 감동을 받아 스스로 외솔이라고 호를 정했대. 외솔 최현배는 벼랑 끝에서 온갖 고난에도 꿋꿋하게 한글을 지키고 널리 알린 겨레의 푸른 소나무였던 거야.

용어 설명

경무청 갑오개혁 이후에 경찰 업무와 감옥의 일을 맡아보던 관청.

고관 지위가 높은 벼슬이나 관리.

기관지 특정한 개인이나 조직, 단체 따위가 추구하는 정신이나 이념을 널리 펴기 위해 발행하는 잡지.

논설 어떤 주제에 관하여 자기의 생각이나 주장을 체계적으로 밝혀 쓴 글.

망명 혁명 또는 그 밖의 정치적인 이유로 자기 나라에서 박해를 받고 있거나 박해를 받을 위험이 있는 사람이 이를 피하기 위하여 외국으로 몸을 옮김.

매국노 사사로운 이익을 위하여 나라의 주권이나 이권을 남의 나라에 팔아먹는 행위를 하는 사람.

무성 영화 인물의 대사, 음향 효과 따위의 소리가 없이 영상만으로 된 영화.

배상 남의 권리를 침해한 사람이 그 손해를 물어 주는 일.

변절 절개나 지조를 지키지 않고 바꿈.

선각자 남보다 먼저 사물이나 세상일을 깨달은 사람.

선교 종교를 선전하여 널리 알리는 일.

선택 과목 선택하여 학습하거나 시험을 치를 수 있는 학과목이나 교과목.

시해 부모나 임금 등을 죽임.

외국환 외국과의 거래를 결제할 때 쓰는 환어음. 발행지와 지급지가 서로 다른 나라일 때 쓴다.

의장대 국가 경축 행사나 외국 사절에 대한 환영, 환송 따위의 의식을 베풀기 위하여 특별히 조직·훈련된 부대.

종손 종가의 대를 이을 맏손자.

주필 신문사나 잡지사 따위에서 행정이나 편집을 책임지는 사람. 또는 그런 직위.

지사 나라와 민족을 위하여 제 몸을 바쳐 일하려는 뜻을 가진 사람.

초패왕 중국 진나라 말기의 무장인 '항우'의 다른 이름. 진나라를 멸망하게 하고 스스로 서초의 패왕이 되었다는 데서 유래한다.

통감 대한 제국 때에, 일제가 설치한 통감부의 장관.

학부대신 대한 제국 때에, 학부(교육부)에 속한 으뜸 관직.

환등기 환등 장치를 이용하여 그림, 필름 따위를 확대하여 스크린에 비추는 기계.